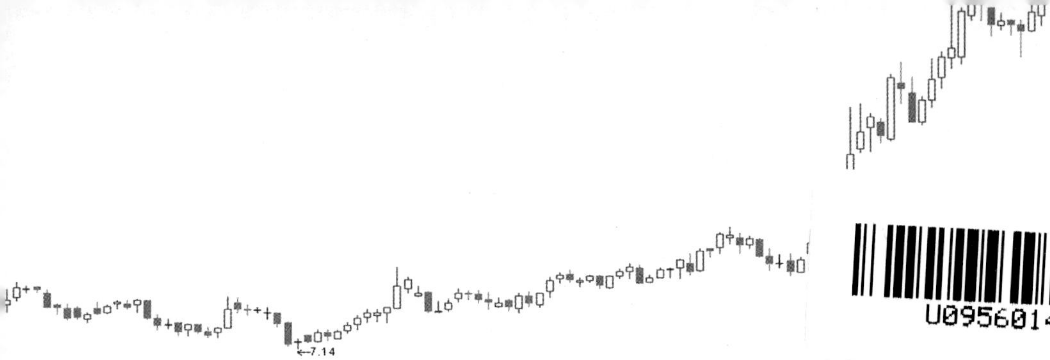

股价结构
波浪与形态

华 强◎著

中国宇航出版社
·北京·

图书在版编目（CIP）数据

股价结构 : 波浪与形态 / 华强著. -- 北京 : 中国宇航出版社, 2018.1
ISBN 978-7-5159-1407-7

Ⅰ. ①股… Ⅱ. ①华… Ⅲ. ①股票价格—价格结构—研究 Ⅳ. ①F830.91

中国版本图书馆CIP数据核字(2017)第279390号

责任编辑 田芳卿
责任校对 白希国　　**装帧设计** 宇星文化

出版发行 **中国宇航出版社**
社　址 北京市阜成路8号　　**邮　编** 100830
(010)60286808　　(010)68768548
网　址 www.caphbook.com
经　销 新华书店
发行部 (010)60286888　　(010)68371900
(010)60286887　　(010)60286804(传真)
零售店 读者服务部
(010)68371105
承　印 三河市君旺印务有限公司
版　次 2018年1月第1版　　2018年1月第1次印刷
规　格 787×960　　**开　本** 1/16
印　张 15.25　　**字　数** 211千字
书　号 ISBN 978-7-5159-1407-7
定　价 35.00元

本书如有印装质量问题，可与发行部联系调换上善若水，水善利万物而不争，处众人之所恶，此乃谦下之德也；故江海所以能为百谷王者，以其善下之，则能为百谷王。天下莫柔弱于水，而攻坚强者莫之能胜，此乃柔德也；故柔之胜刚，弱之胜强坚。因其无有，故能入于无间，由此可知不言之教、无为之益也。

——老子

前言

水为万物之源，孕生命而润万物。

水之道，在于柔，在于韧，集天下之大智慧，教人如何生存。

水之静，平静而内敛，任凭暗流涌动，表面依然平静无波。

水之波，在于自然，自在随性而动，任凭山岩隔阻，道路坎坷，依旧朝着目标前行。

投资者的情绪也有波动。行情好的时候，情绪会亢奋，往往按捺不住冲动进场交易，操作上也变得贪婪；行情低迷时，情绪消极低沉，看法也比较悲观，操作上往往变得恐惧或犹豫不决。这两种情绪相互交替，影响着投资者的正确判断，进而影响价格和行情走势。同时，行情的变化又反过来影响投资者的情绪。

找到价格波动的规律，是证券、期货、外汇和现货市场投资获利的关键问题，无数投资者也在不断地思考和探索。查尔斯·道、江恩、艾略特等一些技术派人士，不断发展丰富了技术分析的理论和内容。

《股价结构：压力与支撑》一书讲解了股价波动的拐点，可以说是技术分析中的点。

《股价结构：趋势与轨道》一书讲解了股价波动的方向，可以说是技术分析中的线。

点和线都是局部的、片面的，投资者会发现有的时候很准确，有的时候就不那么准确。这是因为它们都是局部的走势，局部的走势无法代表整体，因此容易陷入“只见树木，不见森林”的境地。单一技术分析得出的结论往往是片面的，技术指标必须相互印证，互为补充。特别地，金融市场的运动往往是非线性的，不能割裂“量、价、时、空”这4个要素单独考量某一方面。

本书以混沌理论为依据，以阴阳转化为辅佐，尝试对股价波动的运动规律进行全面推演。试图化繁为简，把波浪理论简化，逐渐清晰地剖析、勾勒出股价走势的整体轮廓和框架结构。探讨股价波动更宏观的空间结构问题，为投资者带来全新的视野，使投资者能够触类旁通，进而对主力中长线整体运作有一个清晰的认识。所以本书可以理解为技术分析中的面。

如果说趋势与轨道指明了股价运行的方向和变化，波浪则给你一把尺子和放大镜，用于测量趋势的幅度大小，认清微观波动的运动形态。

站在山巅，才能一览众山小。只有对走势有了全面整体的认识，才能识别主力的种种洗盘行为和挖坑陷阱，不会被主力骗走手中的筹码。

波浪理论是经过市场长期实践检验的一门技术分析理论，投资者需要对理论内容不断地进行消化吸收，不断地分析思考，自己多动手，持续进行科学、系统、严谨的推导和验证，才能形成自己的投资理念和操作思路。投资是一门艺术，同时也是一门技术，本书主要从更为精细和微妙的角度来阐述这门技术。长线是金，短线是银。愿投资者熟谙波段操作，成为资本市场财富大赢家！

市面上的波浪理论，大多晦涩难懂，把简单的问题复杂化，使得投资者（特别是初学者）难以理解和掌握，实战中更是容易被搞得晕头转向。所谓“千人千浪”，就是说一千人数浪有一千种结果，这也意味着在实战中难以准确运用。由于每人对波浪理论的理解都不一样，笔者也难免有疏漏和不足之处，请大家批评指正。

为了方便广大投资者朋友相互探讨，取长补短，读者可加入投资技术交流QQ群：84588410（股价结构那些事儿）。书中指标可在群共享或网站（www.ea900.com）的“书中资源”栏目下载。

谨以此书献给我的家人，谢谢你们的全力支持和无私奉献，愿你们身体健康，万事如意！

本书出版得到了中国宇航出版社编辑田芳卿老师的大力支持和帮助，在此表示诚挚感谢！

还有部分参考书籍，其书目已列在参考文献中，在此对这些书籍的作者一并表示感谢和敬意！

2017.11　长沙

目 录

第 1 章　神奇的大自然

万事万物，自有其生长的逻辑。

第 1 节　自然界的秩序

1. 植物花瓣

自然界鬼斧神工，随意的几朵白云，溪水中浑圆的鹅卵石，或大海里白色的浪花等，多数情况下，其形状看起来毫无规律可言。好比野地里生长的花草灌木等，杂乱无章，表现出各种奇怪的形状和纹理，毫无规律可循。

这些混乱的背后，有一些特殊现象，如规整排列的花瓣，隐藏着一些数学规则，从而使得有序可循。自然界和数学的完美结合，让我们惊叹之余，不得不感慨自然界布局竟然完全符合数学法则严格的要求。自然界的万事万物，似乎都受到某些法则的支配。

太阳东升西落，地球昼夜交替。一年有春夏秋冬，四季不断循环。候鸟冬去春来，草木荣枯再生。人类是大自然的产物，也在季节的交替循环中不断进步，演化出一个个精彩纷呈的文明。探讨大自然中事物发展变化的规律，往往有助于在投资交易中把握股市波动的节奏和韵律。

这里借助一些花朵图片开始研究探索之旅。这些看似平淡无奇的花朵，堪称令人叹为观止的艺术品。如图 1–1 所示。

紫色金花菊（又称紫锥花）

图 1–1　大自然神奇的花瓣

绿芯雏菊

白菊花

桔黄色麦秆菊

葵花

洋甘菊

紫罗兰花

勺子菊花

蓝眼菊（非洲菊）

图 1-1　大自然神奇的花瓣（续）

这些美轮美奂的花朵开放得如此鲜艳。更美妙的是，无论花瓣还是花盘中心的花蕊，或者花盘中心的种子，都以螺旋方式极其紧凑地排列。这种井然有序的排列方式，不仅疏密得当，还便于在有限空间内安置尽可能多的种子。

据说这样安排是为了保证每个种子都按照适当的角度生长，并且大小基本一致。为了生存，花蕊或种子采用了一种大自然中最小能耗的布局方式。这是大自然的神奇造化，不是吗？

还记得《股价结构：压力与支撑》一书中提到的斐波那契数列吗？

1、1、2、3、5、8、13、21、34……

斐波那契数列经常与大自然中的一些植物或动物某些结构的数量暗合，比如松果、凤梨、树叶的排列，某些花朵的花瓣数等。

金色麦秆菊的花瓣及花蕊的布局都符合斐波那契数列的要求。

葵花上那些按照螺旋形状排列的籽粒，其排列方式和外侧花瓣的排列方式完全符合斐波那契数列的要求。黄色洋甘菊花头的花蕊排列布局，也遵循斐波那契螺旋要求：21 个深蓝色螺旋和 13 个宝石绿螺旋。

观察延龄草、野玫瑰、南美血根草、大波斯菊、金凤花、耧斗菜、百合花、蝴蝶花的花瓣，也可以发现它们的花瓣数量是斐波那契数字：3、5、8、13、21……。其中，百合花花瓣数为 3 瓣，梅花 5 瓣，飞燕草 8 瓣，万寿菊 13 瓣，向日葵 21 或 34 瓣，雏菊有 34、55 和 89 三个数目的花瓣。

小知识

（1）斐波那契数列的定义

斐波那契数列指的是这样一个数列：

1、1、2、3、5、8、13、21……

这个数列从第三项开始，每一项都等于前两项之和。如图 1-2 所示。

斐波那契最初是以兔子繁殖为例而引入的（后文详述），故又称为“兔子数列”。

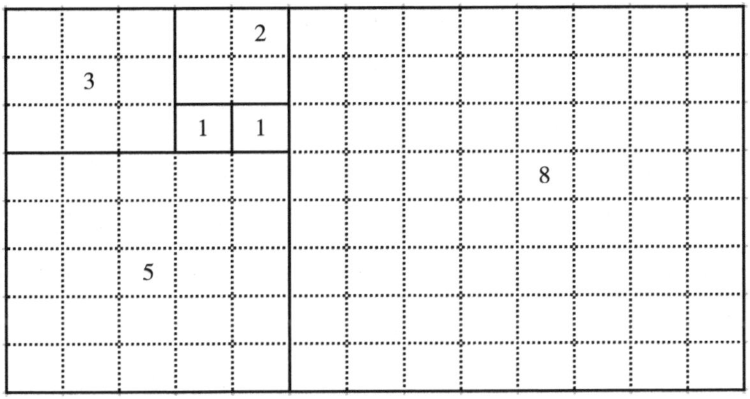

图 1–2　通过正方形边长展示斐波那契数列

斐波那契数列的数学表达式是：

$$F_{(n)}=F_{(n-1)}+F_{(n-2)}$$

其中，$F_{(1)}=1$，$F_{(2)}=1$。

（2）斐波那契数列的由来

斐波那契数列的发明者是意大利数学家列昂纳多·斐波那契（Leonardo Fibonacci）。斐波那契生于 1170 年，卒于 1250 年，籍贯是比萨。他被人称作“比萨的列昂纳多”。1202 年，他撰写了《算盘全书》（Liber Abacci）一书，是第一个研究印度和阿拉伯数学理论的欧洲人。他的父亲被比萨的一家商业团体聘任为外交领事，派驻地点相当于今日的阿尔及利亚地区，因此列昂纳多得以在一个阿拉伯老师的指导下研究数学。他还曾在埃及、叙利亚、希腊、西西里和普罗旺斯等地研究数学。

列昂纳多青年时就熟知算数及阿拉伯数字系统。他发现阿拉伯数字 0 ～ 9 远比常用的罗马数字（I、V、X 等等）更高级、更好用。

图 1–3　列昂纳多·斐波那契

斐波那契如此喜爱数字系统，于是开始在整

个欧洲推广数字系统，并著书立说。1202年，他的著作公开出版。其著作《算盘全书》(或者叫《计算之书》)被当时的欧洲同行和后辈数学家称作是推进“新的”十进制系统的开山之作。

斐波那契可能不是这个数列的发明人，当时的他应该更热衷于推广算数的演讲。也许他是从其他人口中得知了“兔子数列”，但的确是他把这个数列推广并普及。更重要的是，他用数字列出了这一系列数字序列。这个数列中的每个数字都是其前面相邻两个数字之和，经斐波那契的推广，一度风靡整个欧洲，但该数列一直没有命名。直到19世纪，法国数学家爱都华·卢卡斯为了纪念斐波那契的贡献，将该数列命名为“斐波那契数列”。

（3）斐波那契数列的特点

Ⅰ. 后前项比接近 1.618

当n趋向于无穷大时，后一项与前一项的比值越来越逼近黄金分割比率1.618。

例如：

3÷2=1.5

5÷3≈1.667

8÷5=1.6

89÷55≈1.6181818

233÷144≈1.618056

75025÷46368≈1.618033989

越到后面，这些比值越接近黄金分割比率。

Ⅱ. 前后项比接近 0.618

当n趋向于无穷大时，前一项与后一项的比值越来越接近0.618。

例如：

21÷34≈0.6176471

34÷55≈0.6181818

Ⅲ. 任何项与次 2 位相除，其商大约是 2.618

例如：

$144 \div 55 \approx 2.61818$

$233 \div 89 \approx 2.61798$

Ⅳ. 平方与前后项

当 n 趋向于无穷大时，中间数的平方越来越逼近前后两项乘积。

比如：

$3^2 = 9 \approx 2 \times 5$

$5^2 = 25 \approx 3 \times 8$

$8^2 = 64 \approx 5 \times 13$

$89^2 = 7921 \approx 55 \times 144$

Ⅴ. 连续 4 个数字，首尾数字的乘积约等于中间两个数的乘积

例如：

$3 \times 5 = 15 \approx 2 \times 8$

$5 \times 8 = 40 \approx 3 \times 13$

Ⅵ. 其他特性

斐波那契数列 [$F_{(n)}$，$F_{(0)} = 0$，$F_{(1)} = 1$，$F_{(2)} = 1$，$F_{(3)} = 2\cdots\cdots$] 的其他性质。

① $F_{(0)} + F_{(1)} + F_{(2)} + \cdots + F_{(n)} = F_{(n+2)} - 1$

② $F_{(1)} + F_{(3)} + F_{(5)} + \cdots + F_{(2n-1)} = F_{(2n)} - 1$

③ $F_{(0)} + F_{(2)} + F_{(4)} + \cdots + F_{(2n)} = F_{(2n+1)} - 1$

④ $F_{(0)}^2 + F_{(1)}^2 + \cdots + F_{(n)}^2 = F_{(n)} \cdot F_{(n+1)}$

⑤ $F_{(0)} - F_{(1)} + F_{(2)} - \cdots + (-1)^n \cdot F_{(n)} = (-1)^n \cdot [F_{(n+1)} - F_{(n)}] + 1$

⑥ $F_{(m+n)} = F_{(m-1)} \cdot F_{(n-1)} + F_{(m)} \cdot F_{(n)}$

⑦ $F_{(n)}^2 = (-1)^{n-1} + F_{(n-1)} \cdot F_{(n+1)}$

⑧ $F_{(2n-1)} = F_{(n)}^2 - F_{(n-2)}^2$

⑨ $3F_{(n)} = F_{(n+2)} + F_{(n-2)}$

⑩ $F_{(2n-2m-2)} \cdot [F_{(2n)} + F_{(2n+2)}] = F_{(2m+2)} + F_{(4n-2m)}$ [$n > m \geqslant -1$，且 $n \geqslant 1$]

……

2. 植物叶子和枝干

在植物的叶、枝、茎等排列中发现，其数目是斐波那契数。例如在树木的枝干上选一片叶子，记其为数 0，然后依序点数叶子（假定没有折损），直至到达与那些叶子正对的位置，则其间的叶子数多半是斐波那契数。叶子从一个位置到达下一个正对的位置称为一个循回，叶子在一个循回中旋转的圈数也是斐波那契数。在一个循回中叶子数与叶子旋转圈数的比称为叶序（源自希腊词，意即叶子的排列）比，多数的叶序比呈现为斐波那契数的比。

植物叶子在茎上的排列分布呈螺旋状，细心观察一下，不少植物叶状虽然不同，但其排布却有相似之处。比如从植物顶部向下看，发现相邻两片叶子夹角是 137°28′，如图 1–4 所示。如果每层叶子只画一片来代表，第一层和第二层的相邻两叶之间的角度差约是 137°28′，以后二到三层，三到四层，四到五层……两叶之间都成这个角度数。植物学家经过计算表明：这个角度对叶子的采光、通风都是最佳的。叶子的排列布局多么精巧！

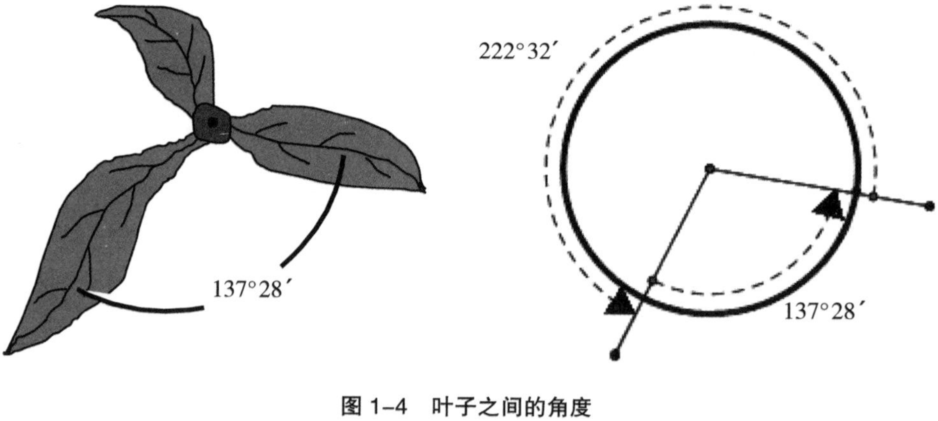

图 1–4　叶子之间的角度

$$\frac{137°28'}{222°32'}=0.618\cdots\cdots$$

同时，树木的生长，由于新生的枝条往往需要一段“休息”的时间供自身生长，而后才能萌发新枝，所以，一株树苗在一段间隔（例如一年）以后长出一条新枝。第二年新枝“休息”，老枝依旧萌发。此后，老枝与“休息”过一年的枝同时萌发，当年生的新枝则次年“休息”。这样，一株树木各个年份的枝桠数，便构成斐波那契数列。这个规律，就是生物学上著名的“鲁德维格定律”。

这些植物懂得斐波那契数列吗？应该不是，它们只是按照自然的规律进化成这样。这似乎是植物排列的“优化方式”，它能使所有花瓣、叶子或种子具有差不多的大小却又疏密得当，不至于在圆心处挤得太多而在圆周处又稀稀拉拉。

3. 螺旋

圆形是一个自我封闭系统，代表着圆满、完美、和谐。其半径是圆可以运行的极限，这是一个静态的循环。正如《股价结构：压力与支撑》第 32 页所述，世事“分久必合，合久必分”，真正反映了人类对社会发展历史的看法：一个循环的体系。

不过，从对大自然的观察中可以知道，循环的周期有时是固定的，有迹可循的。但有时候，循环亦有流动性，有扩张也有收缩，即表现出一种飘移现象。这种现象反映出大自然不断繁衍发展的生命力，突破了圆形的静态观念。这种大自然的生命力，为我们提供了一个动态的循环观念，螺旋形正好充分解释了这种动态的循环。

螺旋是一种像螺线或螺丝的扭纹曲线，是一种生物学中常见的形状。例如 DNA 及多种蛋白质，均可发现这种结构。螺旋分为左旋和右旋。从螺旋中心沿轴线望去，如果螺旋由近至远为逆时针方向，便是左旋，相反则是右旋。大部分螺丝的螺旋是右旋，但在生物结构上左旋和右旋均较常见。

判断左旋、右旋可以用手比对：握拳竖起的大拇指指向轴线方向，假想螺旋是沿着四指方向环绕轴线的，若螺旋延伸的方向和左手大拇指一致，则螺旋为左手螺旋，反之为右手螺旋。如图 1–5 所示。

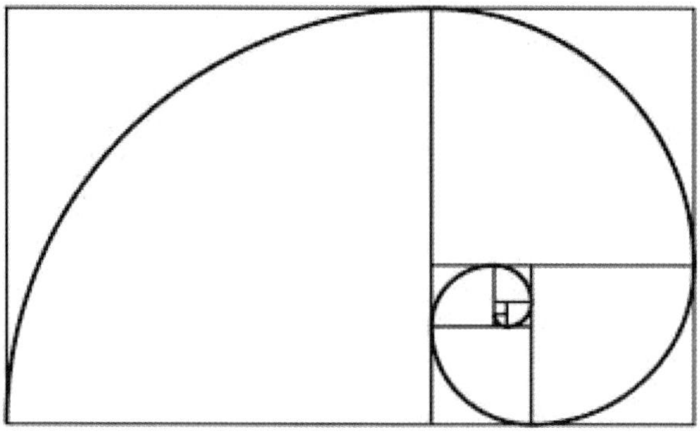

图 1–5　螺旋线

螺旋线的特点是每转 90° 半径便增加 1 .618 倍，如此不断地扩张。收缩时，则每转 90° 半径便收缩到 0 .618 倍，无穷无尽（计算方法详见第 4 章图 4–1）。

螺旋线与圆的区别是，圆形的半径是固定的，反映在金融市场，时间与价位的关系基本上是一对一的；对于螺旋线，则时间与价位的关系是以 0.618 或 1.618 为比例，以此来观察螺旋是扩张还是收缩。

实际上，在自然界中存在着大量美丽、神奇的天然黄金螺旋结构，这是大自然的精妙设计。在生物中，如常见的鹦鹉螺、田螺、蜗牛壳、贝壳、羊角等形状，以及人的内耳耳蜗也存在着螺旋形结构。银河系、星系、漩涡、飓风等，也存在着螺旋形结构。螺旋线是宇宙中发现的自然生长现象的精华表述，它覆盖了小到原子粒子，大到银河系的各种规模运动，也许它是主宰动态自然现象的基本规律。如图 1–6 所示。

4. 太阳系行星

宇宙类似一个庞大和错综复杂的机器，同样遵守有序的数学规则。在

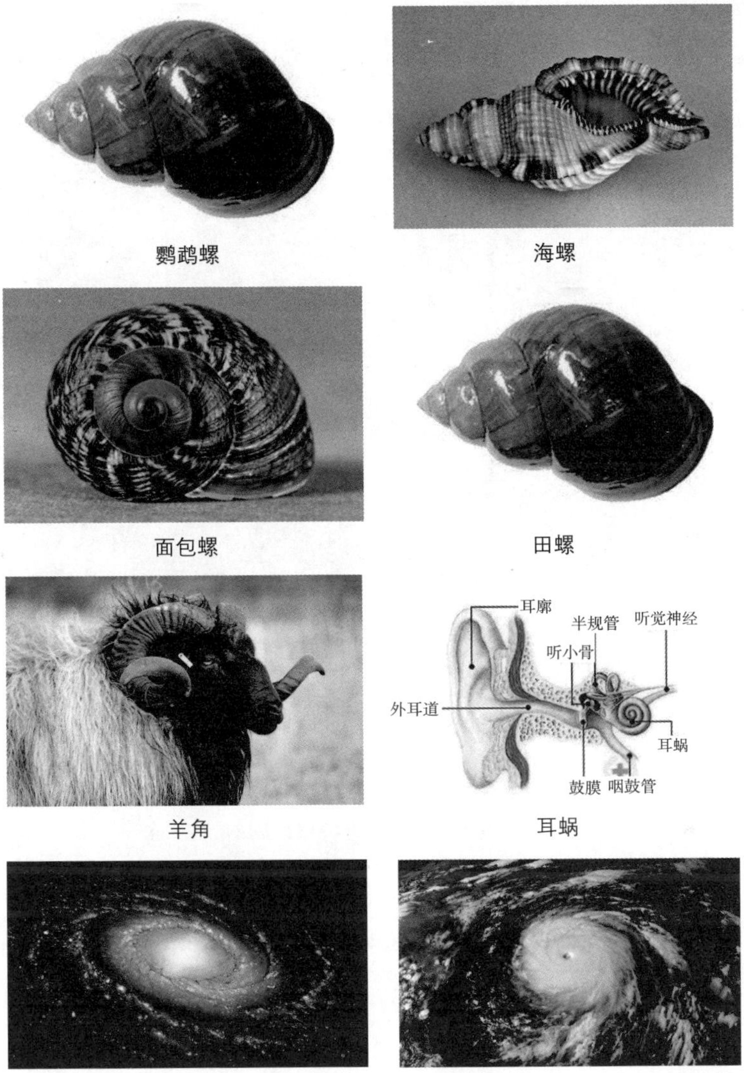

图 1-6　自然界中的螺旋

太阳系中，众多行星在既定的轨道上围绕太阳运行。这些行星按照离太阳的距离从近到远，依次为水星、金星、地球、火星、木星、土星、天王星、海王星。如图 1-7 所示。

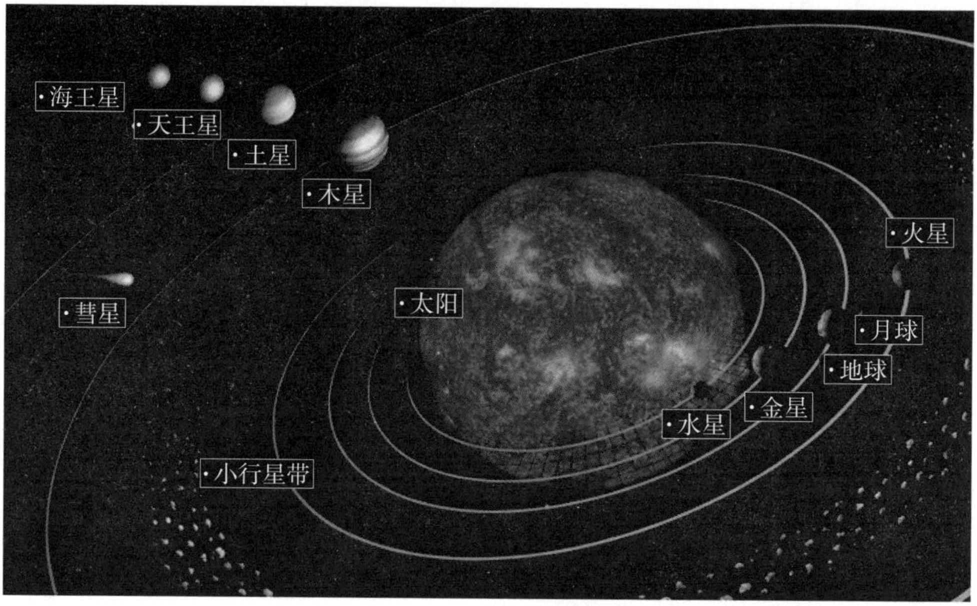

图 1–7 太阳系的行星

太阳系以太阳为中心，各大行星周而复始地围绕太阳运行，它们的运行周期如表 1–1 所示。

表 1–1 太阳系行星的周期

行星	天周期	星期周期	月周期	年周期
地球	365.24 天	52 星期	12 月	1 年
水星	87.9 天	12.56 星期	2.98 月	0.24085 年
金星	224.7 天	32.1 星期	7.38 月	0.61521 年
火星	687 天	98.1 星期	22.57 月	1.88089 年
木星	4332.7 天	618.96 星期	142 月	11.862 年
土星	10759 天	1537 星期	353 月	29.45772 年
天王星	30685 天	4384 星期	1008 月	84.01529 年
海王星	60187 天	8598 星期	1977 月	164.7883 年

如果研究太阳系行星的运行周期及运行周期数字本身，就会发现其与神奇数字亦相当接近，如表 1–2 所示。

表 1–2　太阳系行星周期和神奇数字

行星	周期	神奇数字	偏差	误差
地球	365.24 天	377	12	3.29%
水星	87.9 天	89	1.1	1.25%
金星	224.7 天	233	8.3	3.69%
火星	687 天	610	77	11.21%
火星	22.57 月	21	1.57	6.96%
木星	142 月	144	2	1.41%

从各大行星周期，可以看到以下的黄金比率关系。

（1）水星周期约是地球周期的 0.236 倍。

（2）金星周期约是地球周期的 0.618 倍。

（3）火星周期约是地球周期的 2 倍。

（4）水星周期约为金星周期的 0.382 倍。

（5）木星周期约为火星周期的 1/8（0.125）倍。

（6）木星周期是 618 星期。

（7）火星周期的 6.18 倍约为木星周期。

（8）土星周期的 0. 382 倍接近木星周期。

（9）土星周期接近天王星周期的 0.382，更接近 1/8 的平方根倍数。

（10）天王星周期约为海王星周期的 50%。

由于不少行星的周期都存在着黄金比例关系，因此行星之间、行星与地球之间相互影响，间接地影响地球气候以至农作物的收成，同时影响人类活动，自然也会对人的心理产生波动性影响，这种现象相当奇妙。上述比率亦为金融市场常见的波动比率。

在上述行星周期之外，其实地球与月球之间也存在着相当有趣的黄金比率关系。

地球半径 3960km，直径 7920km。月球半径 1080km，直径 2160km，地球半径加月球半径为 5040km。计算地球与月球之间的关系，可参考以下分析。

将地球半径 3960km 与月球半径加地球半径之和 5040km 组成直角三角形的两边，应用勾股定理，其斜边应为 6409km。

3960 与 6409 之间的比例是 0.6178，与黄金比率 0.618 十分接近。

此外，以地球半径 3960km 与地球半径加月球半径之和 5040km 比较，其比率为 0.7857，亦即 0.618 的平方根。

换个计算方式，将 5040 除以 3960，其比率为 1.2727，亦即 1.618 的平方根。

由上可见，地球与月球之间的关系，是由黄金比率及其平方根所界定的，其数值为：

（1）0.618 与 1.618。

（2）0.786 与 1.272。

由此可见，应用黄金比率分析金融市场的走势，是最接近大自然规律的一种分析方法。我们有理由相信，市场的规律由此而生。

小知识

（1）黄金分割的定义

黄金分割是指将整体一分为二，较大部分与整体部分的比值等于较小部分与较大部分的比值，其比值约为 0.618。这个比例被公认为最能引起美感的比例，因此被称为黄金分割。

黄金分割数近似值为 0.618，通常用希腊字母 Φ 表示这个值。黄金分割数前面的 32 位为：

0.6180339887 4989484820 458683436565

（2）黄金分割的推导

黄金分割比例的算法如下，设一条线段 AB 的长度为 a，C 点在靠近 B

点的黄金分割点上，且 AC 为 b，则 a 比 b 就是黄金分割数，如图 1–8 所示。

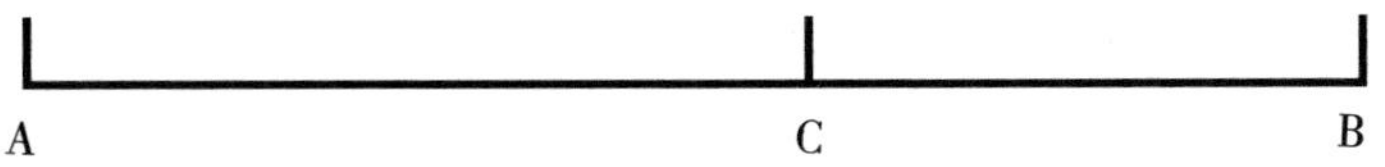

图 1–8　黄金分割点

图中满足条件：

$$\frac{AC}{AB}=\frac{BC}{AC}$$

将 a、b 带入上述公式：

$$b^2=a(a-b)=a^2-ab$$

$$a^2-ab+\frac{1}{4}b^2=\frac{5}{4}b^2$$

$$a-\frac{b}{2}=\frac{\sqrt{5}b}{2}$$

$$a=\frac{(\sqrt{5}+1)b}{2}$$

最终得到：

$$\frac{b}{a}=\frac{\sqrt{5}-1}{2}$$

斐波那契数列与黄金分割有什么关系呢？经研究发现，相邻两个斐波那契数的比值是随序号的增加而逐渐趋于黄金分割比的。即 $f_{(n)}/f_{(n+1)}\rightarrow 0.618\cdots\cdots$。由于斐波那契数都是整数，两个整数相除之商是有理数，所以只是逐渐逼近黄金分割比这个无理数。但是，当我们继续计算出后面更大的斐波那契数时，就会发现相邻两数之比确实是非常接近黄金分割比的。

（3）黄金分割的由来

黄金分割最早记录出现在公元前 6 世纪，关于黄金分割比例的起源大多认为来自毕达哥拉斯学派。

毕达哥拉斯（Pythagoras，约公元前580—公元前500）是古希腊数学家、哲学家。毕达哥拉斯出生在爱琴海萨摩斯岛（今希腊东部小岛）上的贵族家庭，自幼聪明好学，曾在名师门下学习几何学、自然科学和哲学。后来因为向往东方智慧，经过万水千山，游历了当时世界上两个文化水准极高的文明古国——巴比伦和印度，以及埃及，吸收了阿拉伯文明和印度文明（公元前480年）的文化。后来他到意大利南部传授数学，宣传他的哲学思想，并与他的信徒们组成了一个所谓"毕达哥拉斯学派"的政治和宗教团体，这个团体最早把数的概念提到突出地位。

图 1–9　毕达哥拉斯

据说在古希腊，有一天，毕达哥拉斯在街上行走，经过铁匠铺时，听到铁匠打铁的声音非常好听，于是驻足倾听。他发现铁匠打铁节奏很有规律，这个声音的比例被毕达哥拉斯用数学的方式表达出来。

毕达哥拉斯学派认为"1"是数的第一原则，万物之母，也是智慧；"2"是对立和否定的原则，是意见；"3"是万物的形体和形式；"4"是正义，是宇宙创造者的象征；"5"是奇数和偶数，雄性与雌性结合，也是婚姻；"6"是神的生命，是灵魂；"7"是机会；"8"是和谐，也是爱情和友谊；"9"是理性和强大；"10"包容了一切数目，是完满和美好。

毕达哥拉斯学派认为太阳、月亮、星辰的轨道和地球的距离之比，分别等于三种协和的音程，即八度音、五度音、四度音。毕达哥拉斯学派认为从数量上看，夏天是热占优势，冬天是冷占优势，春天是干占优势，秋天是湿占优势，最美好的季节则是冷、热、干、湿等元素在数量上和谐地均衡分布。

毕达哥拉斯学派从数学的角度即数量上的矛盾关系，列举出有限与无限、一与多、奇数与偶数、正方与长方、善与恶、明与暗、直与曲、左与右、阳与阴、动与静等十对对立的范畴，其中有限与无限、一与多的对立是最基本的对立，并称世界上一切事物均可还原为这十对对立。

他们很重视数学，企图用数来解释一切，宣称数是宇宙万物的本原，研究数学的目的并不在于使用，而是为了探索自然的奥秘。他们从五个苹果、五个手指等事物中抽象出了“五”这个数。这在今天看来是很平常的事，但在当时的哲学和实用数学界，算是一个巨大的进步。在实用数学方面，它使得算术成为可能。在哲学方面，这个发现促使人们相信数是构成实物世界的基础。

随后在公元前 4 世纪左右，古希腊数学家欧多克索斯第一个系统研究了黄金分割这一问题，并建立起比例理论。公元前 300 年左右，欧几里得吸收了欧多克索斯的研究成果，进一步系统论述了黄金分割，其《几何原本》成为最早的有关黄金分割的论著。

中国也有黄金分割的相关记载，虽然没有古希腊早，但中国的算法是由中国古代数学家自己独立创造的，后传入了印度。文艺复兴前后，黄金分割经过阿拉伯人传入欧洲。经考证，欧洲的比例算法源于中国，而不是直接从古希腊传入的。

（4）黄金分割的应用

黄金分割在造型艺术中具有美学价值，实际生活中的应用也非常广泛，在很多艺术品以及大自然中都能找到它。在工艺美术和日用品的比例设计中，采用这一比值能够引起人们的美感。

黄金矩形的长宽之比为黄金分割率，矩形长边为短边的 1.618 倍，能够给画面带来美感，令人愉悦。建筑物中某些线段的比就采用了黄金分割。

舞台上的报幕员并不是站在舞台的正中央，而是偏在台上一侧。以站在舞台长度的黄金分割点位置最美观，声音传播效果最好。植物也有符合黄金分割的地方，如花瓣或叶子是按照黄金分割的规律排列的。

在很多科学实验中，选取方案常用一种 0.618 法，即优选法，它可以使我们合理地安排较少的试验次数，从中找到合理的配方和合适的工艺条件。

正因为它在建筑、文艺、工农业生产和科学实验中有着广泛而重要的应用，所以人们称它为“黄金分割”。

第 2 节 人类社会活动

1. 建筑

黄金分割具有严格的比例性、艺术性、和谐性，蕴藏着丰富的美学价值，这一比值能够引起人们的美感，被认为是建筑和艺术中最理想的比例。

建筑师们对数字 0.618 特别偏爱，无论是古埃及的金字塔，希腊雅典的帕提农神庙，还是近世纪的法国埃菲尔铁塔和巴黎圣母院，中国的故宫，尽管其风格各异，但在构图布局设计方面，都有意或无意地运用了黄金分割法则，给人以整体上的和谐之美。如图 1–10 所示。

古希腊帕提农（Parthenon）神庙由于高和宽的比是 0.618，成了举世闻名的完美建筑。建筑师们发现，按这样的比例来设计殿堂，殿堂更加雄伟、壮丽；设计别墅，别墅更加舒适、美丽。一扇门窗若设计为黄金矩形，也会显得更加协调和赏心悦目。

古希腊帕提农神庙

图 1–10 建筑中的黄金分割

印度泰姬陵

法国埃菲尔铁塔

埃及金字塔

图 1–10　建筑中的黄金分割（续）

上海东方明珠广播电视塔

图 1–10 建筑中的黄金分割（续）

金字塔的几何形状有五个面，八个边，总数为十三个层面。由任何一边看上去，都可以看到三个层面。金字塔的长度为 5813 寸（5–8–13），而高底和底面百分比率是 0.618。

上海东方明珠广播电视塔，塔身高达 468 米。为了美化塔身，设计师巧妙地在上面装置了晶莹耀眼的上球体、下球体和太空舱，既可供游人登高俯瞰地面景色，又使笔直的塔身有了曲线变化。更妙的是，上球体所选的位置在塔身总高度 5:8 的地方，即从上球体到塔顶的距离，同上球体到地面的距离大约是 5:8 这一符合黄金分割比例的安排，使塔体挺拔秀美，具有审美效果。

黄金比例一直统治着中西方令人瞩目的建筑数千年。

2. 五角星形

中国的国旗上就有五颗五角星，现今还有将近 40 个国家（如美国、朝鲜、土耳其、古巴等）的国旗上有五角星。为什么是五角星而不是其他数目的星？也许是古代留下来的习惯。

五角星形的起源甚早，现在发现最早的五角星形图案是在幼发拉底河下游马鲁克地方（现属伊拉克）发现的一块公元前 3200 年左右制成的泥板上。古希腊的毕达哥拉斯学派用五角星形作为他们的徽章或标志，称之为"健康"，可以认为毕达哥拉斯已熟知五角星形的作法。

五角星是非常匀称且美丽的。在五角星中，可以找到的所有线段之间的长度关系，都符合黄金分割比例。

事实上，等边五角形可以看作是由 5 个黄金三角形所组成，其中每个三角形是 36°—72°—72° 的结构，将 5 个锐角以直线相连的话，图上便出现一个五角星。五角星的每个角都是 36°，放大 10 倍正好是一个圆周的角度。

五角星与黄金比率的关系异常密切，其锐角之间的边长若为 1，则其对角便为 1.618 倍。此外，两条对角线相交后，其较短一部分的长度便为 0.618 倍。五角星结构如图 1–11 所示。

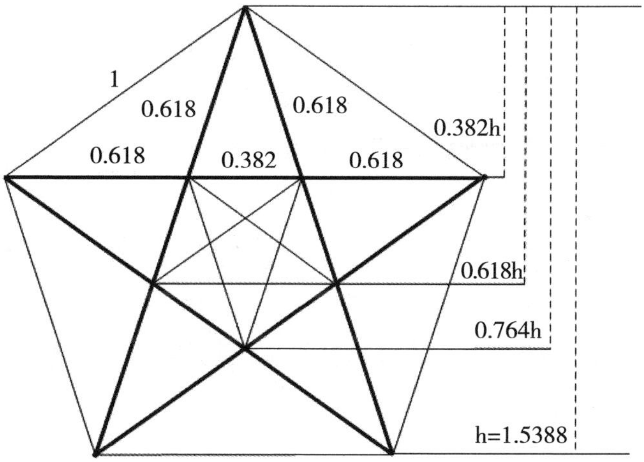

图 1–11　五角星中的黄金分割

最为重要的是，五角星的中心也是一个五角星。若按上述方法不断分形下去，可以得到无限小的五角星。

由于五角星与黄金比率存在千丝万缕的关系，也可称之为黄金五角形。

对于黄金五角形的几何结构，在市势分析中的常用比例 0.382、0.618 及 0.764 倍都可以通过黄金五角形推算出来。具体有如下关系。

（1）由五角形顶点至横行的对角线的幅度为整个五角形高度的 0.382 倍，是一个神奇数字的比率。

（2）若由五角形的顶点垂直量度至对角线第二个交点，其幅度就是整个五角形高度的 0.618 倍，也是黄金比率。

（3）若由五角形的顶点垂直量度至最低一个对角线交点，其幅度就是整个五角形高度的 0.764 倍，也是一个神奇数字的比率。

根据波浪理论，推动浪共有 5 个，调整浪则有 3 个，组成一个升跌的循环。在黄金三角形的结构上，其周边共有 5 条。以两条对角线及一条周边，可组成黄金三角形，其中共可组成 5 个三角形。五角形的结构充分反映了波浪理论 5 与 3 的关系。

3. 人体

令人惊讶的是，人体自身也和 0.618 密切相关。对人体解剖很有研究的意大利画家达•芬奇发现，人的肚脐位于身长的 0.618 处。头顶到肚脐的长度，则大约占身躯总长度的 0.382，膝盖又是人体肚脐以下部分体长的黄金分割点。

在研究黄金分割与人体关系时，人们发现了人体结构中有 14 个“黄金点”（物体短段与长段的比值为 0.618），12 个“黄金矩形”（宽与长比值为 0.618 的长方形）和 2 个“黄金指数”（两物体间的比例关系为 0.618）。如图 1–12、图 1–13 所示。

● 黄金点

（1）肚脐：头顶—足底之分割点。

（2）咽喉：头顶—肚脐之分割点。

（3）（4）膝关节：肚脐—足底之分割点（左右两侧，算两个点，下同）。

（5）（6）肘关节：肩关节—中指尖之分割点。

（7）（8）乳头：躯干乳头纵轴上之分割点。

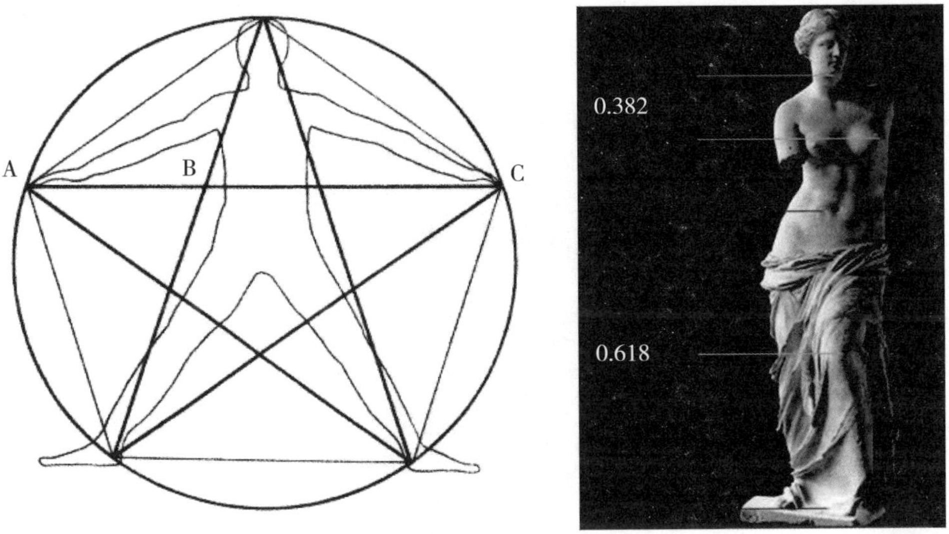

图 1–12　人体结构的黄金分割比例

（9）眉间点：发际—颏底间距上 1/3 与中下 2/3 之分割点。

（10）鼻下点：发际—颏底间距下 1/3 与上中 2/3 之分割点。

（11）唇珠点：鼻底—颏底间距上 1/3 与中下 2/3 之分割点。

（12）颏唇沟正路点：鼻底—颏底间距下 1/3 与上中 2/3 之分割点。

（13）左口角点：口裂水平线左 1/3 与右 2/3 之分割点。

（14）右口角点：口裂水平线右 1/3 与左 2/3 之分割点 。

● 黄金矩形

（1）躯体轮廓：肩宽与臀宽的平均数为宽，肩峰至臀底的高度为长。

（2）面部轮廓：眼水平线的面宽为宽，发际至颏底间距为长。

（3）鼻部轮廓：鼻翼为宽，鼻根至鼻底间距为长。

（4）唇部轮廓：静止状态时上下唇峰间距为宽，口角间距为长。

（5）（6）手部轮廓：手的横径为宽，五指并拢时取平均数为长。

（7）（8）（9）（10）（11）（12）上颌切牙、侧切牙、尖牙（左右各三个）轮廓：最大的近远中径为宽，齿龈径为长。

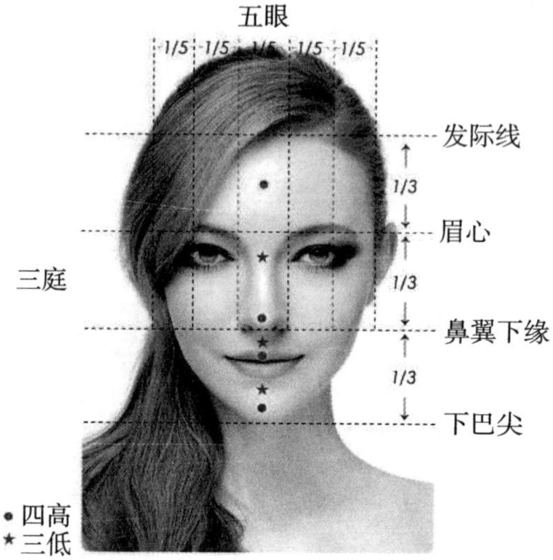

图 1–13　面部黄金分割律（三庭五眼）

● 黄金指数

（1）反映鼻口关系的鼻唇指数：鼻翼宽与口角间距之比近似黄金数。

（2）反映眼口关系的目唇指数：口角间距与两眼外眦间距之比近似黄金数。

0.618 作为一个人体健美的标准尺度之一，是无可非议的，但不能忽视其存在着“模糊特性”，它同其他美学参数一样，都有一个允许变化的幅度，受种族、地域、个体差异的制约。

画家们发现，按 0.618:1 来设计的比例，画出的画最优美匀称，在达·芬奇的作品《维特鲁威人》《蒙娜丽莎》，还有《最后的晚餐》中都运用了黄金分割比例。现今的女性，腰身以下的长度平均只占身高的 0.58，因此古希腊维纳斯女塑像及太阳神阿波罗的形象都通过故意延长双腿，使之与身高的比值为 0.618，从而创造了艺术美。难怪许多姑娘都愿意穿上高跟鞋，芭蕾舞演员在翩翩起舞时，不时地踮起脚尖。

地球表面的纬度范围是0°～ 90°，对其进行黄金分割，则

34.38° ~ 55.62° 正是地球的黄金地带。无论从平均气温、年日照时数、年降水量、相对湿度等方面，都是适于人类生活的最佳地区。说来也巧，这一地区几乎囊括了世界上所有的发达国家。

科学家们还发现，当外界环境温度为人体温度的 0.618 倍时，人们感到最舒适。

对这样的比例，为什么人们会本能地感到美的存在？其实这与人类的演化和人体正常发育密切相关。据研究，从猿到人的进化过程中，人体结构中有许多比例关系接近 0.618，从而使人体美在几十万年的历史积淀中固定下来。人类最熟悉自己，势必将人体美作为最高的审美标准，凡是与人体相似的物体就喜欢它，就觉得美，于是黄金分割律作为一种重要的形式美法则，成为世代相传的审美经典规律，至今不衰！

4. 绘画混色

绘画中的混色原理也是通过比例获得美的一种绝妙实践。两种原色调和后会产生间色，如红与黄调配出橙色。橙色则根据红、黄二色所占的不同比例，呈现出不同的色相。调配一种间色使用的两种原色当然不是等量的，人们习惯采用的调配比例往往是：

黄、红、青的调配比例为 3、5 或 8，即：黄 3 + 红 5 = 橙 8，或者黄 3 + 青 8 = 绿 11，青 5 + 红 8 = 紫 13。

这个调配量其实正符合斐波那契数列，亦即符合黄金分割比例，因此它所调配出来的颜色就比较合适、自然，看起来给人一种美感。至于两种间色的混合，三种原色的混合，间色与黑色的混合，原色与黑色的混合，原色与补色的混合，这一切产生的复色，尽管其中的比例更为复杂，但只要找出其各自的符合黄金分割的比例来，就不难达到令人满意的效果。

和谐是美好事物的特征之一，也是人们不懈追求的目标，而黄金分割能给人以和谐之美。由此，就不难理解有那么多色彩的构造与黄金分割有如此紧密的联系。

5. 音乐音符

据说，公元前6世纪，古希腊数学家、哲学家毕达哥拉斯有一天路过一个铁匠铺，被里面清脆悦耳的打铁声吸引住了，驻足细听。凭直觉毕达哥拉斯认定这声音有“秘密”。他走进铺里，仔细测量了铁砧和铁锤的大小，发现它们之间的比例近乎于1:0.618。

回家后，他拿来一根木棒，让他的学生在这根木棒上刻下一个记号，其位置既要使木棒的两端距离不相等，又要使人看上去觉得满意。经多次实验，得到一个非常一致的结果，即用C点分割木棒AB，整段AB与长段CB之比，等于长段CB与短段CA之比。毕达哥拉斯接着又发现，把较短的一段放在较长的一段上面，也产生同样的比例。这个故事说明，最早发现黄金分割似乎与声音有关。

先看看西方乐器中的各种提琴。提琴琴体的长度与共鸣箱长度、共鸣箱长度与琴颈长度、指板长度与尾枕至琴码的长度、有效琴弦的长度与琴码至面板上端的长度、共鸣箱最宽处和箱长、共鸣箱最厚处与箱体最窄处……，无处不体现着黄金分割的关系。

再看看我国最古老的乐器之一——古琴，经过测量，它起肩的位置、雁足的位置以及焦尾的比例关系等很多方面完全符合黄金分割率，而且它的完美程度非常接近于人的视觉审美状态。

还有很多乐器的外观尺寸也是按黄金分割比例设计的，比如钢琴。立式钢琴的长度和琴的高度以及琴的高度与键盘的高度，三角钢琴的琴长与音箱的长度都和黄金分割的比例接近。再如外型优美的葫芦丝，乐器的总长与音管的长度也是这种关系。又如构成竖琴三角形的三个边之间，也体现了黄金分割的比例。

小知识

（1）五度相生律

早在春秋战国时期，管仲、吕不韦就发现了五度相生律。

他们截一根约八寸一的竹管，将吹出的音高称为“黄钟”。将竹管全长分成三份，减去一份，取其二份之长约五寸四，另截一根竹管，可吹出比第一根竹管高五度的音，称为“林钟”，这叫“三分损一法”。再将五寸四的管分成三份，加上一份，取其四份之长约七寸二另截一根竹管，则能吹出再高五度音的低八度音来（即比“林钟”低四度的音），称为“太簇”，这叫“三分益一法”。这样“三减一”“三加一”的五度、四度反复12次，出现12个音，叫“三分损益法”，也叫五度相生律。同样，“三分损益法”分割比例也和黄金分割的数值不谋而合。

用这种方法来定律，音的先后结合自然、谐调，非常适合演奏、演唱旋律性的单声音乐。

（2）古琴

我国的古琴（即七弦琴，又称瑶琴、玉琴、丝桐），至少有三千年以上历史，是中华文化中地位最崇高的乐器，自古“琴”为其特指。19世纪20年代，为了与钢琴区别，改称古琴。古时文人心中视古琴为高雅的代表，古琴琴音悠远，因此一直流传至今。

我国历代流传着不少有关古琴的故事。西汉司马相如一曲《凤求凰》，赢得了卓文君的芳心，这是以古琴为媒的爱情故事。三国孔明以其过人的智慧，在空城危急之时，焚香操琴，成为后世戏曲中久唱不衰的经典故事。

古琴的音量较小，音区低沉，音色明净浑厚。风格古朴，平和沉稳，古雅通脱，轻灵清越。或舒或急，若虚若实，幽远迷离，委婉缠绵，余韵袅袅，仿佛中国画中的水墨烟云，有超脱现实之意。

古琴一般长3尺6寸5分，代表一年有365天。琴面呈弧形，代表着天；琴底平，象征着地，又有“天圆地方”之说。琴头上部称为额，额下端镶有用以架弦的硬木，称为“岳山”，又称“临岳”，是琴的最高部分。琴底部有大小两个音槽，位于中部较大的称为“龙池”，尾部较小的称为“凤沼”。上山下泽，有龙有凤，象征天地万象。古琴有13个徽，代表一年有12个月及闰月。

古琴最初有五根弦，分别为宫、商、角、徵、羽，象征着金、木、水、火、土，对应于君、臣、民、事、物五种社会等级。周文王为了悼念他死去的儿子伯邑考，增加了一根弦。武王伐纣时，为了增加士气，又增添了一根弦，所以古琴又称"文武七弦琴"。七弦琴取弦长 1、7/8、5/6、4/5、3/4、2/3、3/5、1/2、2/5、1/3、1/4、1/5、1/6、1/8 得所谓的 13 个徽位，含纯率的 1 度至 22 度，非常自然，是很理想的弦乐器。如图 1–14 所示。

图 1–14　古代七弦琴

（3）钢琴键盘

看一下乐器之王钢琴的键盘，其上也恰好与斐波那契数列有关。在钢琴的键盘上，从一个 C 键到下一个 C 键，就是音乐中的一个八度音程。其中包括 13 个键，有 8 个白键和 5 个黑键。5 个黑键分成 2 组，一组有 2 个黑键，一组有 3 个黑键。2、3、5、8、13 恰好就是著名的斐波那契数列中的前几个数。如图 1–15 所示。

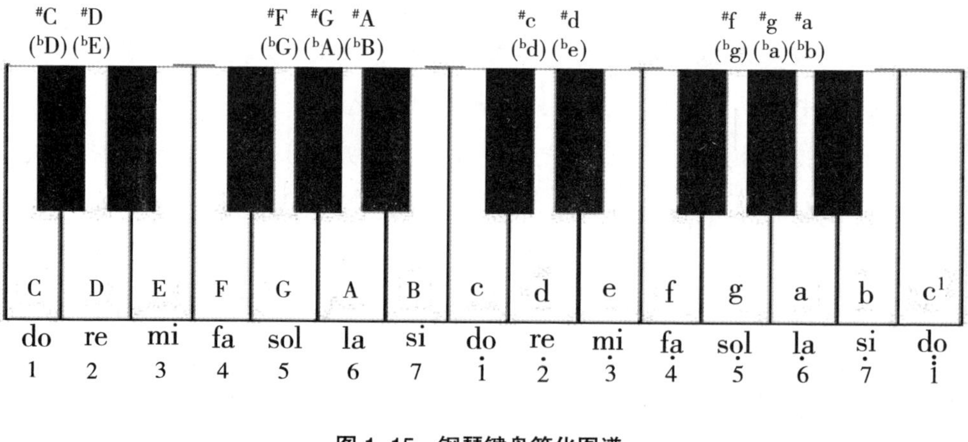

图 1–15　钢琴键盘简化图谱

音乐家发现，二胡演奏中，“千金”分弦的比例符合 0.618:1 时，奏出来的音调最和谐，最悦耳。

音乐作品的高潮点在哪儿呢？音乐家注意到，无论是一段体、两段体、三段体，还是三部曲式、变奏曲式、奏鸣曲式，不论是主调音乐还是复调音乐，大多乐曲的高潮往往不是设计在整个乐曲的中点，而是中点之后的某一点，这一点往往是黄金分割点。乐曲每一小部分的高潮，或乐句或乐段或乐章，也大都在该部分的黄金分割点，该点往往是乐曲出现高潮和转折的最佳点。0.618 这个被称为“黄金分割”的奇妙数字，无形中左右音乐长段与短段的分割，即作品高潮点与“黄金分割”点吻合。分析巴托克《两架钢琴奏鸣曲》，会惊人地发现作曲家的创作严密地遵循着黄金分割律。

比如，在有着“起承转合”关系的四句体乐段中，“转”是该段矛盾激化的部分，位于黄金分割点，高潮也正位于该处。再如有着“ABA”模式的音乐中，三段分别是呈示段、展开段和再现段，展开段是揭示矛盾、激化矛盾的段落，而乐曲的高潮往往在该段的靠后部分，即乐曲的黄金分割处。

大中型曲式中的奏鸣曲式、复三段曲式是一种三部性结构，其他如变奏曲、回旋曲及某些自由曲式，都存在不同程度的三部性因素。黄金比例的原则在这些大中型乐曲中也得到不同程度的体现。

一般来说，曲式规模越大，黄金分割点的位置在中部或发展部越靠后，甚至推迟到再现部的开端，这样可以获得更强烈的艺术效果。如莫扎特《D 大调奏鸣曲》第一乐章全长 160 小节，再现部位于第 99 小节，不偏不倚，恰恰落在黄金分割点上（$160 \times 0.618 = 98.88$）。据美国数学家乔巴兹统计，莫扎特的所有钢琴奏鸣曲中，有 94% 符合黄金分割比例，这个结果令人惊叹。我们未必知道莫扎特是有意识地使自己的乐曲符合黄金分割律呢，抑或只是一种直觉性的巧合。美国另一位音乐家认为：“我们应当知道，创作这些不朽作品的莫扎特，也是一位喜欢数字游戏的天才。”也就是说，莫扎特懂得黄金分割律，并有意识地运用它。

贝多芬《悲怆奏鸣曲》Op.13 第二乐章是如歌的慢板，回旋曲式，全曲共 73 小节。理论计算黄金分割点应在 45 小节，实际上该乐曲在 43 小节处形成全曲激越的高潮，并伴随着调式、调性的转换，高潮与黄金分割区基本吻合。

肖邦的《降 D 大调夜曲》是三部性曲式，全曲不计前奏共 76 小节。理论计算黄金分割点应在 46 小节，再现部恰恰位于 46 小节，是全曲力度最强的高潮所在，真是巧夺天工。

拉赫曼尼诺夫的《第二钢琴协奏曲》第一乐章是奏鸣曲式，这是一首宏伟的史诗。第一部分呈示部悠长、刚毅的主部与明朗、抒情的副部形成鲜明对比。第二部分为发展部，结构紧凑，主部、副部与引子不断地交织，形成巨大的音流。音乐爆发高潮的地方恰恰在第三部分再现部的开端，是整个乐章的黄金分割点，不愧是体现黄金分割律的典范。此外这首协奏曲的局部在许多地方也符合黄金比例。

再举一首大型交响音乐的范例。俄国伟大作曲家里姆斯·柯萨科夫在他的《天方夜谭》交响组曲的第四乐章中，写至辛巴达的航船在汹涌滔天的狂涛恶浪里，无可挽回地猛撞在有青铜骑士像的峭壁上的一刹那，在整个乐队震耳欲聋的音浪中，乐队敲出一记强有力的锣声。锣声延长了六小节，随着它的音响逐渐消失，整个乐队力度迅速下降，象征着那艘支离破碎的航船沉入到海底深渊。在全曲最高潮也就是黄金点上，大锣致命的一击所造成的悲剧性效果慑人心魄。

黄金律历来披着瑰丽诡秘的色彩，被人们称为“天然合理”的最美妙的形式比例。世界上到处都存在数的美，对于我们的眼睛，尤其是对喜爱音乐的人的耳朵来说，“美是到处都有的，不是缺乏美，而是缺少发现。”（罗丹语）

音乐中出现黄金律，是数学和音乐融会贯通于一体的一种表现。音乐能诠释人们的喜怒哀乐，我们通过音乐把自己对大自然、对人生的态度等表现出来，即音乐抒发人们的情感。我们也可以不用语言，单是通过音乐与他人（甚至是动物、植物）来进行简单或者是复杂的情感上的沟通和交流。

数学则是以一种理性的、抽象的方式来描述世界，使人类对世界有一个客观的、科学的理解和认识。数学贯穿人类文明的始终，和音乐的结合是一种感性和理性的融通，可以演绎出一种无与伦比的“完美境界”！

6. 兔子繁殖

斐波那契数列又因数学家列昂纳多·斐波那契以兔子繁殖为例子引入，故又称为“兔子数列”。

《算盘全书》第 12 章，斐波那契记录了一组令后人十分着迷的数字序列。举一个普通的例子，一对兔子繁衍后代，子又生孙，孙又生子。一个月后，最早一对兔子。两个月后，两对兔子（1+1）。三个月后，3 对兔子（2+1，记得吗，最早的一对还可以生小兔子）。以此类推，下一个月就有 5 对兔子（3+2），如此循环往复下去，就是斐波那契数列。

一般而言，兔子出生两个月后就有繁殖能力，一对兔子每个月能生出一对小兔子来。如果所有兔子都不死，那么一年以后可以繁殖多少对兔子?

不妨拿新出生的一对小兔子分析一下。

第一个月小兔子没有繁殖能力，所以还是一对。

两个月后，生下一对小兔，对数共有两对。

三个月以后，老兔子又生下一对，因为小兔子还没有繁殖能力，所以一共是三对。依次类推可以列出表 1–3 。

表 1–3　兔子繁殖速度表

经过月数	0	1	2	3	4	5	6	7	8	9	10	11	12
幼仔对数	1	0	1	1	2	3	5	8	13	21	34	55	89
成兔对数	0	1	1	2	3	5	8	13	21	34	55	89	144
总体对数	1	1	2	3	5	8	13	21	34	55	89	144	233

幼仔对数 = 前月成兔对数

成兔对数 = 前月成兔对数 + 前月幼仔对数

总体对数 = 本月成兔对数 + 本月幼仔对数

可以看出，幼仔对数、成兔对数、总体对数都构成了一个数列。这个数列有一个十分明显的特点，就是前面相邻两项之和构成了后一项。其规律可以用图 1–16 的兔子家族树形象表示。

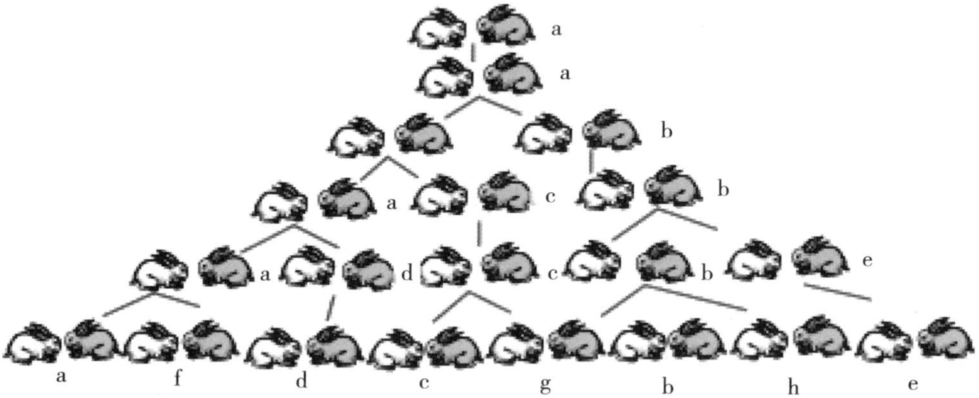

图 1–16 兔子家族树

另外，细菌繁殖的速率、海浪的运动、飓风云层以及太空星云的旋转等，都与“黄金分割”所衍生的“黄金螺旋”数字 1.618 倍的比率有关。

0.618 这个数字，被中世纪学者、艺术家达・芬奇誉为“黄金数”。顾名思义，黄金数字有黄金一样的价值，人们喜欢它。它也曾被德国天文学家、物理学家、数学家开普勒赞为几何学中两大“瑰宝”之一。0.618 黄金分割率广泛存在于自然界中，是一种内在的自然法则，一种蕴藏在万物中的给予生命力量以及主宰并渗透世界的宇宙结构法则。

另外，世间一切事物的运动都可以看作是趋向平衡的活动，每一个心理活动领域都趋向于一种最简单、最平衡和最规则的组织形态。举个例子来说，生物进化属于事物发展的一种具体形式，平衡是事物发展的极致。人类站在生物链的顶端，可以说人类是生物进化的极致，所以人类可以代表生物进化的“平衡”状态；人类大部分形体比例符合黄金分割律的比例分割，心理上对黄金分割也是充满了偏爱，由此可以认为黄金分割率是事物平衡的一个关键因素。

结合金融市场自身的特点，可以得出如下观点：金融市场的主导力量是人，人是自然界的一部分，同时黄金分割率在人类身上表现得尤为突出，所以金融市场中也应该有黄金分割率存在。

现代金融理论的重要理论基础之一是均衡理论，但金融市场是典型的非对称信息市场，且经常处于非均衡状态。正因为它处于非均衡状态，才会向均衡运动，通过市场自身的多空机制，形成均衡价格。我们不断完善金融市场的交易制度，也是为了追求市场有效性，促进市场形成均衡价格。可见，这个市场发展的趋向是追求均衡的，而黄金分割率是事物平衡的一个关键因素。

具体到价格来讲，市场价格波动是不平衡的体现，而整个市场又是在追求平衡。黄金分割能在价格区间确定几个关键点位，结合黄金分割和均衡的紧密联系，可以认为这些关键点位代表了一定时期内的价格平衡，这些关键点位可以作为交易的重要参考。

第 3 节　混沌与分形

1. 混沌简介

混沌原指宇宙形成之前的混乱状态。中国及古希腊哲学家对于宇宙之源持混沌论，主张宇宙是由混沌之初逐渐形成现今有条不紊的世界。

在井然有序的宇宙中，西方自然科学家经过长期的探讨，逐渐发现众多自然界中的规律，如大家耳熟能详的地心引力、杠杆原理、相对论等。这些自然规律都能用单一的数学公式加以描述，并可以据此准确预测物体的行径。

1963 年，美国气象学家爱德华·诺顿·洛伦茨（Edward Norton Lorenz）在研究大气流动问题，试图找出可以预测天气的数学方程时，发现所得结果与实际大相径庭，从而揭示出混沌现象具有不可预言性和对初始条件极端敏感依赖性这两个基本特点。同时，他还发现表面上看起来杂乱无章的混沌，仍然有某种条理性，依此提出混沌（Chaos）理论。混沌理论认为在混沌系统中，初始条件十分微小的变化，经过不断放大，对其未来状态会造成极其巨大的影响。

图 1–17　爱德华·诺顿·洛伦茨

他提到，亚马逊雨林一只蝴蝶偶尔振动一下翅膀，可能会导致其身边的空气系统发生变化，并产生微弱的气流。微弱气流又会引起周围空气或其他系统产生相应变化，由此引起连锁反应。也许两周后，就会引起美国得克萨斯州的一场龙卷风，这就是有名的“蝴蝶效应”。初始条件十分微小的变化经过不断放大，对其未来状态会造成极其巨大的影响。太平洋上出现的“厄尔尼诺”现象，就是大气运动引发的蝴蝶效应。

可以用西方世界流传的一首民谣对此作出形象的说明，这首民谣说：

丢失一个钉子，坏了一只蹄铁；
坏了一只蹄铁，折了一匹战马；
折了一匹战马，伤了一位骑士；
伤了一位骑士，输了一场战争；
输了一场战争，亡了一个帝国。

马蹄铁上丢失一个钉子，本是初始条件十分微小的变化，但其“长期”效应却是导致一个帝国灭亡，这就是军事和政治领域中所谓的“蝴蝶效应”。混沌系统对外界的刺激反应，比非混沌系统要快得多。

在社会学界，蝴蝶效应用来说明以下现象：一个微小的机制如果不及时地加以引导、调节，可能会给社会带来非常大的危害，戏称为“龙卷风”或“风暴”；一个微小的机制，只要正确指引，经过一段时间的努力，很有可能产生轰动效应，或称为“革命”。

2003 年，美国发生一宗疑似疯牛病的案例，马上就给刚刚复苏的美国经济带来一场破坏性很强的飓风。扇动“蝴蝶翅膀”的，是那头倒霉的“疯牛”；

受到冲击的，首先是总产值高达 1750 亿美元的美国牛肉产业和 140 万个工作岗位。作为养牛业主要饲料来源的美国玉米和大豆业也受到波及，期货价格呈现下降趋势。其后推波助澜，将“疯牛病飓风”损失扩延至最大的，是美国消费者对牛肉产品出现的信心下降。

2. 主要意义

混沌理论解释了确定系统可能产生随机结果，指出非线性系统具有多样性和多尺度性。其最大的贡献是用简单模型获得明确的非周期结果，在气象、航空航天、社会行为等领域的研究中有重大作用，用以探讨动态系统中无法用单一数据关系，必须用整体、连续的数据关系才能加以解释和预测的事件。

混沌的发现揭示了我们对规律与由此产生的行为之间，即原因与结果之间关系的一个基本错误认识。过去我们认为，确定性的原因必定产生确定性的结果，现在知道，它们可以产生易被误解为随机性的极不规则结果。过去我们认为，简单的原因必定产生简单的结果，这意味着复杂的结果必然有复杂的原因。现在我们知道，简单的原因可以产生复杂的结果。我们认识到，知道这些规律不等于能够预测未来的行为。 20 世纪 60 年代，美国数学家史蒂文 · 斯梅尔发现某些物体的行径经过某种规则性变化之后，随后的发展并无一定的轨迹可循，呈现失序的混沌状态。

混沌现象起因于物体不断以某种规则复制前一阶段的运动状态而产生无法预测的随机效果。所谓“差之毫厘，失之千里”，正是对此现象的最佳概括。具体而言，混沌现象发生于易变动的物体或系统，该物体在行动之初极为单纯，但经过一定规则的连续变动之后，却产生始料未及的后果，也就是混沌状态。但是这种混沌状态不同于一般杂乱无章的混乱状况，这种混沌现象经过长期及完整的分析之后，可以从中理出某种规则。

混沌现象虽然最先用于解释自然界，但是在人文及社会领域中，因为事物之间相互牵引，混沌现象尤为多见，如股票市场的起伏、人生的曲折变化、教育的复杂过程。蝴蝶效应通常用于天气、股票市场等在一定时段难以预测的比较复杂的系统中。如果这个差异越来越大，进而自我强化，就会形成很大的破坏力，形成极端事件，最终导致溃败（请参阅《股价结构：趋势与轨道》耗散理论相关内容）。这就是为什么天气会发生不可预测的自然灾害，或者股票市场会有崩盘的原因。

在非线性的逻辑系统内，稳定仅是暂时的特例，混沌才是永恒的现象。过去 10 年以来，数以百万计的资金被投入到混沌的研究之中，人们试图了解市场，并据此来获利。在研究的过程中，人们尝试进一步了解混沌，以及整体投资者与市场之间的互动。研究发现，人类心灵的混沌反映在市场内，交易者与市场都是混沌与稳定的混合物。正所谓“大脑是混沌的产物，它就像一锅滚烫的热汤，摆在崎岖不平的日常生活上闷烧着”。

3. 特征描述

混沌理论还有一个发展特征，该特征有以下三个原则。

（1）能量永远遵循阻力最小的途径。

（2）始终存在通常不可见的根本结构，这个结构决定阻力最小的途径。

（3）这种始终存在而通常不可见的根本结构，不仅可以被发现，而且可以被改变。

人们都期望能够预测股市变化，轻轻松松地获取大量财富，有这样的愿望没有错。所有人都梦想拥有财富以及财富带给人的自由和尊严，可以说预测是人类的梦想！可惜，对于股市这个混沌系统，也就是非线性动力学系统的认定，彻底粉碎了人们的这种梦想。

混沌系统具有三个关键要素：一是对初始条件的敏感依赖性；二是临界水平，这里是非线性事件的发生点；三是分形维，它表明有序和无序的统一。混沌系统经常是自反馈系统，出来的东西会回去经过变换再出来，循环往复，没完没了，任何初始值的微小差别都会按指数放大，因此导致系统内不可长期预测。

非线性系统有三种不同的状态，分别是稳定均衡状态、混沌状态（有条件的不稳定状态）、爆炸性不稳定状态。在稳定均衡系统中，各要素处于均衡状态，即便这种状态被打破，它们也能很快回到均衡位置上。混沌系统是有序与无序共存的系统，该系统内部具有很多不可预测的偶发事件，但决定各要素行为的基本规律却是能够分析和掌握的。爆炸性不稳定状态下，系统处于完全的无序状态中。关于混沌与秩序，均衡与失衡，可参阅《股价结构：趋势与轨道》第 1 章相关内容。

4. 市场应用

混沌理论的精髓就是结果的不可预见性和过程的可推导性。如果把混沌理论运用于市场，可以得出的结论是市场永远按照阻力最小的路径来运行。其次是各种因素导入市场的方式和时间不动，起的作用不同，产生的结果也是千变万化。

市场在不同阶段有不同的主要矛盾和次要矛盾，而且主要矛盾和次要矛盾有可能还会相互转化。其实不管是期货还是股票，它们只是一个载体，价格的形成除了载体的基本价值以外，还受投资者对这个载体价值的认识。这两者按照索罗斯的老师波普尔的观点来看是不可能完全重合的，而且还可能产生巨大的差异。

除此之外，市场的中短期走势还和投资者情绪有很大的关系。所谓情绪，主要是指对利润的贪婪和对损失的恐惧。这两种情绪在市场中影响甚至左右着广大投资者的判断与操作。加上人类本身所具有的人性上的一些弱点，比如羊群效应等，使得市场的波动更加扑朔迷离，难以预测。

根据混沌理论，市场是变化无常的。在这种情况下，我们是不是就注定无所作为呢？其实，这才是问题的关键所在。混沌理论教育我们永远不要高估自己，永远要对市场抱有敬畏之心。影响市场的因素太多，任何一个微小的因素，都可能导致市场走势发生巨大变化。对于市场，我们需要评估的东西太多，任何一个有智慧的人，都应该明白自己在市场中所充当的角色。但是根据混沌理论，有两点是对投资者有利的，一是市场永远沿着阻力最小的方向前进，二是虽然我们不能保证目前投资的结果，但是我们能推测出这种结果的大致概率。

混沌不是偶然的、个别的事件，而是普遍存在于宇宙间各种各样的宏观及微观系统。万事万物，莫不混沌。混沌学也不是独立存在的科学，它与其他各门科学互相促进，互相依靠，由此派生出许多交叉学科，如混沌气象学、混沌经济学、混沌数学等。混沌学不仅极具研究价值，而且有现实应用价值，能直接或间接创造财富。万物源于一物，我们常认为毫无关系的事物，其实大多是相互作用，相互影响的。

金融市场本身是一个混沌系统：投资者和其他人之间相互独立又相互影响，互为因果；同时，投资者受价格走势的影响，自身的买卖交易又反过来影响价格；市场本身受外界政策消息的影响，其走势又对政策的制定产生影响。这些结构特征决定了价格波动也是一种混沌现象，具有随机性和不可重复、非线性的特点。

在价格走势中，波动会出现短暂的、局部的、有限时空内确定性的、线性的一面。但在另外一个时空内，波动却呈现出随机性、不确定性的一面。单从技术上来看，股价走势的波动本质，体现在自身走势、板块走势以及大盘走势的各个层面的交互影响上。

混沌理论中的“确定”与“随机”、“有序”与“无序”、“简单”与“复杂”、“线性”与“非线性”，既相互对立又相互转化的特点，使人们在认识金融市场时要打破常规线性思考，多角度、多尺度进行综合分析和归纳演绎。秩序存在于混沌中，只是缺少发现。

混沌现象是一种无周期性的有序态，具有无穷层次的自相似结构，存在无标度区域。只要数值计算的精度或实验的分辨率足够高，则可以从中发现小尺寸混沌的有序运动花样，所以具有标度律性质。例如，在倍周期分叉过程中，混沌吸引子的无穷嵌套相似结构，从层次关系上看具有结构的自相似性，具备标度变换下的结构不变性，从而表现出有序性，这就引出了下面的分形。

5. 分形简介

1960 年，美籍法国数学家伯努瓦 • 曼德尔布罗特（Benoit B. Mandelbrot）在研究棉价变化的长期形态时，发现了价格在大小尺度间的对称性。

图 1–18　伯努瓦 • 曼德尔布罗特

同年，曼德尔布罗特在研究信号的传输误差时，发现误差传输与无误差传输在时间上按康托尔集合排列，如图 1–19 所示。在对尼罗河水位和英国海岸线的数学分析中，也发现类似规律。他总结出自然界中很多现象，从标度变换角度表现出对称性。他将这类集合称作自相似集，其严格定义可由相似映射给出。他认为，欧氏测度不能刻划这类集合的本质，于是转向维数的研究，发现维数是尺度变换下的不变量，他主张用维数来刻划这类集合。1975 年，曼德尔布罗特用法文出版了分形几何第一部著作《分开：形状、机遇和维数》，这标志着分形（Fractal）理论正式诞生。

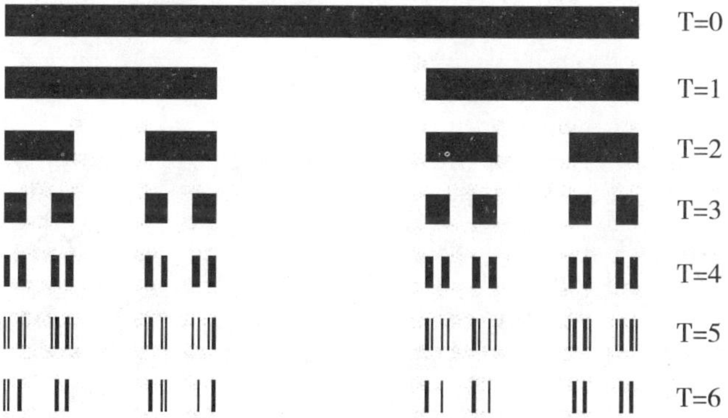

图 1–19　康托尔集合

1982 年，曼德尔布罗特在其代表作《大自然的分形几何学》中写道，为什么几何学常常被说成是“冷酷无情”和“枯燥乏味”的呢？原因之一在于它无力描写云彩、山岭、海岸线或树木的形状。云彩不是球体，山岭不是锥体，海岸线不是圆周，树皮并不光滑，闪电更不是沿着直线传播的。曼德尔布罗特认为很多天然以及人造产物的形状都是不规则的，比如连绵的山川、漂浮的云朵、岩石的断裂口、布朗粒子运动的轨迹、树冠、花菜、大脑皮层等。曼德尔布罗特把这些“部分与整体以某种方式相似的形体”称为“分形”。当用不同倍数的照相机拍摄研究对象时，无论放大倍数如何改变，看到的照片都是相似的，但从相片上无法判断所用的相机的倍数，即标度不变性或全息性。如图 1–20、图 1–21 所示。

图 1–20　树叶叶脉

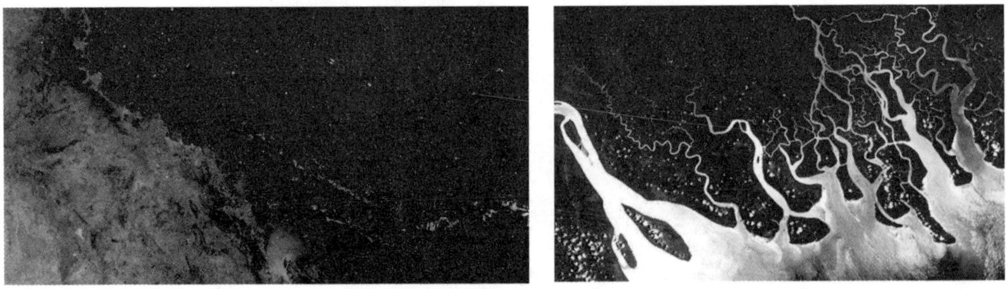

图 1–21　海岸线和卫星上拍摄的河流入海

科学非常擅长以线性数学与欧几里得几何学来建立模型。然而，关于非线性与生命系统，科学的处理方法便不太高明了。简言之，当原因与结果之间的关系并不确定时，便产生非线性的现象。在牛顿的世界里，原因与结果之间存在必然的关系。在欧几里德几何学中，所有的形状都具有平滑规则的性质。然而，这两种方法都无法解释市场的行为。

所谓非线性，是指结果与原因之间并无固定的比例关系。金融市场具有非线性的性质，相同大小的原因可能导致不同的结果。例如，利率上涨 10 个基点（原因）对于特定市场造成的影响（结果）并不一致，这可能取决于市场参与者对于利率变动的解释。古典物理学可以建立模型来说明物质的结构，小至次原子的夸克，大至银河系的星群，却无法建立模型来说明云朵的形状、树木的结构、河水的流动或市场的行为。

图 1–22 形象地演示了分形的细化演变过程。

图 1–22　分形的细化演变过程（1）

以科克雪花曲线为例，设想一个边长为 1 的等边三角形，取每边中间的三分之一，接上去一个形状完全相似但边长为其三分之一的三角形，结果是一个六角形。现在取六角形每个边做同样的变换，即在中间三分之一接上更小的三角形，以此重复，直至无穷。外界的变动越细微曲折，形状就越接近理想化的雪花，它的名字叫科克曲线。如图 1–23 所示。

分形理论被誉为大自然的几何学，是现代数学的一个新分支，但其本质却是一种新的世界观和方法论。它与动力系统的混沌理论交叉结合，相辅相成。分形几何是混沌理论的一种工具，研究对象是混沌现象。它承认

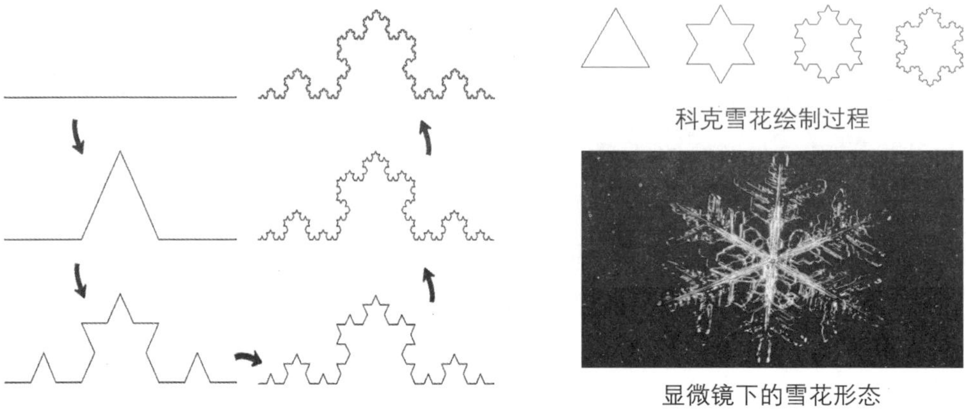

图 1-23　分形的细化演变过程（2）

世界的局部可能在一定条件过程中，在某一方面（形态、结构、信息、功能、时间、能量等）表现出与整体的相似性。它承认空间维数的变化既可以是离散的，也可以是连续的，因而拓宽了人们观察的视野。

分形几何不仅展示了数学之美，也揭示了世界的本质，还改变了人们理解自然奥秘的方式。可以说分形几何是真正描述大自然的几何学，对它的研究也极大地拓展了人类的认知疆域。分形几何学作为当今世界十分风靡和活跃的新理论、新学科，它的出现使人们重新审视这个世界：世界是非线性的，分形无处不在。分形几何学不仅让人们感悟到科学与艺术的融合，数学与艺术审美的统一，而且还有深刻的科学方法论意义。

在自然界中，许多景物大都在某种程度上存在这种自相似性，即它们中的一个部分和它的整体或者其他部分都十分相似，如图 1-24 所示。其实，远远不止这些。从心脏的跳动，变幻莫测的天气（如图 1-25 所示）到股票的起落等，许多现象都具有分形特性，这正是研究分形的意义所在。例如，在股价走势波动中，某个阶段的 K 线图总是和另外一个更长阶段的 K 线图极为相似。

图 1–24　云朵和树木

图 1–25　闪电

6. 分形特征

（1）从整体上看，分形几何图形是处处不规则的。例如，海岸线和山川形状，从远距离观察，其形状是极不规则的。海岸线作为曲线，其特征是极不规则，极不光滑的，呈现蜿蜒复杂的变化。再比如高山的表面，大都粗糙不平。

（2）在不同尺度上，图形的规则性又是相同的。上述海岸线和山川形状，从近距离观察，其局部形状又和整体形态相似，它们从整体到局部，都是自相似的。一棵参天大树与它自身的树枝及树枝上的枝杈，在形状上没什么大的区别，大树与树枝的这种关系，在几何形状上称之为自相似关系。

当然，也有一些分形几何图形，它们并不完全是自相似的。其中一些是用来描述一般随机现象的，还有一些是用来描述混沌和非线性系统的。

7. 分形图案

计算机能让数学某些内在的美得以直观呈现和表达。分形通过计算机绘图手段表现出来，为数学理论与实践中蕴涵的美，给出了一类精彩的注记，充分反映了数学科学中简单、和谐、统一的内涵！可以说，科学家也从此跨入了神圣的艺术殿堂！

今天，我们可以在网络上浏览和欣赏各种不同风格的分形作品，有的针对科学研究中要表达的一些特别对象，有的则完全是艺术。下面提供一些美妙绝伦的分形图案，以供欣赏。如图 1-26 所示。

其中，第一张图称为曼德尔集合，是分形几何学中的里程碑。曼德尔集合是根本的分形，也是构建分形几何学的基石，它是根据二项式在复数平面上进行重复程序所得数值的图形。曼德尔集合具有斐波那契数列 0.618 的关系，几乎仅由涡状与螺旋状构成。如果你取一个鹦鹉螺，然后像牛排一样将它横切，所得形状非常类似于曼德尔集合。这很可能是衔接斐波那契数列、艾略特波浪与分形为一个连贯性模式的关键所在。

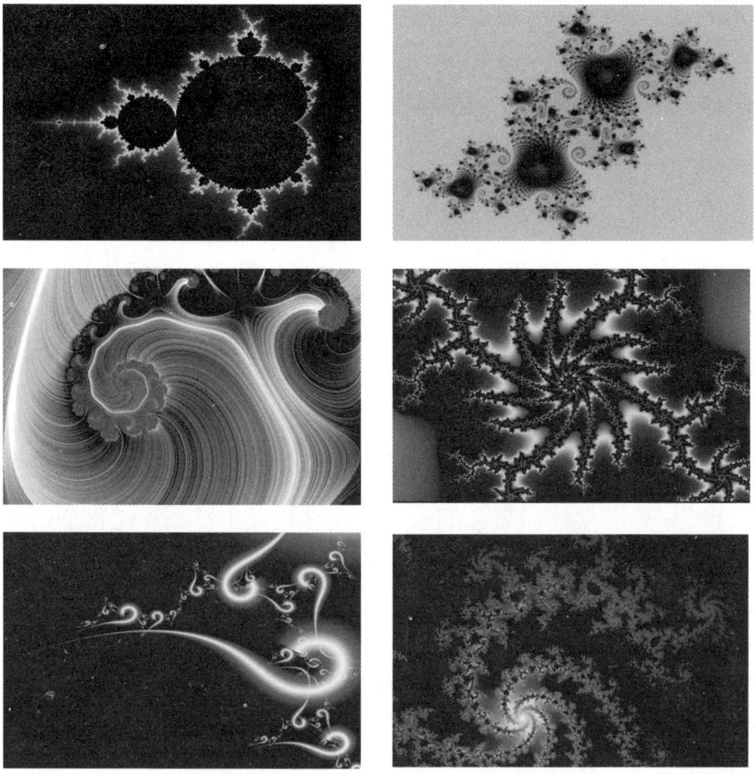

图 1-26 奇妙的分形图案

图 1–26　奇妙的分形图案（续）

8. 分形的市场意义

期货商品价格走势呈现某种结构，非常类似海岸线与河床的形状。BIM研究中心的伯努瓦研究大量棉花价格资料，希望从中寻找自然界与人类行为的某些共同的参数。他发现，根据正态分布的观点，数字产生混乱的现象，但根据比例刻度的观点，则产生对称性。“每一特定的价格变动具有随机和不可预测的性质。然而，变动的数列不受刻度的影响，每天与月份价格的变动曲线完成吻合，令人难以置信。根据他的分析，在60年的波动期间，曾经发生两次世界大战与一次经济大萧条，而变动的程度竟然保持固定。”

分形的特征在证券市场中也存在，因为市场是由人类、价格与时间等活动构成的一种非线性且混乱的系统，所以这是观察分形结构最理想的场所。自然界中，时间与混乱的程序产生宏伟的复杂结构，其中没有随机性质，它们呈现的是自相似性。如果我们找到市场的分形结构，就可以了解某些特定走势行为的波动模式。在这种方法指引下，其他人只能看见混沌时，我们可以察觉其中的模式、秩序与可预测性。

分形的自相似性是研究股价波动走势特征的一个重要理论基础，这种自相似性贯穿于价格运动的各种层次和级别中。比如，我们常常可以找到某只股票1分钟走势可能和某一时期日线上的走势几乎一样，周K线图看上去与日K线图、小时K线图、5分钟K线图的形状十分相似，这就是证券市场价格的分形特征，这是股价结构内在波动规律决定了的。同时，股价波动最低级别周期（比如1分钟）的任一推动5浪或修正3浪，构成更高级别周期（如5分钟）的其中一浪。随着周期和行情的叠加，共同构成另一级别的走势形态。

分形是万事万物的结构，初始分形是事物的根本结构。股价的结构是什么？股价的结构是波浪，这是技术分析大师艾略特发现的。微观层面上的走势和宏观层面上的走势也存在自相似性，这一点是波浪理论推演的基础。

混沌理论认为，事物的发展敏感依赖初始条件。这意味着只要找到了初始条件，便可找到事物发展的结果。如何界定、寻找初始条件，这是研究混沌理论的关键点。数学家曼德尔伯特发现“一个粗糙或零碎的几何形状，可以分成数个部分，且每一部分都（至少近似地）是整体缩小后的形状”，他在不规则中发现了规则，最初始的“不规则”便是初始分形。股价的根本结构是第一浪起点处的分形，也就是初始分形，由此演绎出八浪循环模式。由混沌理论可以推出这个结论：股价的涨跌敏感依赖其初始分形。

分形也可以衡量不规则性。市场愈不规则且震荡愈剧烈时，分形数便愈大。在市场行情的反转点，分形数也将到达相对最大值。所以，趋势反转时，当时的分形数将大于附近的分形数。分形几何学可以衡量变动，树木的每一分叉，河流的每一弯曲，市场的每一转折点，都是决策点。在分析艾略特波浪的“分形”时，上述观念具有关键意义。

股价的运动并不是一种静态的存在，而是嵌入运动与成长的结构内，不断发展变化。波浪理论以混沌理论为依据，以分形为工具，来解释价格波动的结构特征和内在规律，是对价格波动模式的一种观察和提炼，是对价格认识水平的一种全新升华。

第2章　波浪理论简介

股价运动有其规律，如同大海中的波浪，周而复始。

第 1 节　艾略特

1. 简介

拉尔夫·尼尔森·艾略特（Ralph Nelson Elliott，1871—1948），波浪理论创始人，1871 年出生于美国堪萨斯州的玛丽斯维利镇。1896 年移居德州的圣安东尼奥，在一家经营美国中央区与墨西哥间铁路的公司担任会计工作，从此开始了长达 25 年的会计工作生涯。期间，艾略特因在会计方面的出色表现而赢得美名。

图 2–1　艾略特

1920 年，艾略特移居纽约。因为他的专长得到美国政府的赏识，于是成为美国国际计划团队的一员，并于 1924 年被美国政府指派到尼加拉瓜担任主会计长，负责重整尼加拉瓜的财务（当时的尼加拉瓜还在美国的控制之下）。到了次年，尼加拉瓜获得独立，艾略特避居至危地马拉，在一家经营中美洲区域的铁路公司担任财务主管，并负责审计及查账工作。此时（1926 年），艾略特出版了两本书，其中一本与其本业有关，是《咖啡馆与自助餐馆之管理》，另一本则是《拉丁美洲之未来》。后一本书不但分析了中美洲社会及经济等问题，也提供了一些能创造出中美洲经济稳定进而富裕的方案，这些新书也使得艾略特声名大噪。

就在这个时候，艾略特出现了因感染阿米巴原虫而使消化系统受损的征兆，于是在 1927 年回美国休养。1929 年病情加速恶化，迫使他必须卧病在床，甚至不得不进入医院疗养。虽然艾略特已进入 58 岁的中高龄，但因为天生具有的冒险精神及行动力，使他一点也不想因为疾病而退休。艾略特心中充满了焦虑感与急迫感，需要找到一些事情来占领他的心，使他不受病痛的干扰。于是，他就一头扎进了证券市场投资行为的研究中。

艾略特在疗养期间收集了 75 年美国证券市场指数的资料，除了年线、月线、日线外，甚至是半小时线都加以详细研究。1934 年 5 月，艾略特发现，在混沌的市场行为中，股价是以不同层次构成，并以波浪的形态有规律地向前推进，这个现象是由投资人的群众心理造成的。同年 11 月，艾略特与股市分析师查尔斯・柯林斯（Charles J.Collins）通信，柯林斯对艾略特的理论非常欣赏。

当时的美国股市是从 1929 年高点跌到 1934 年的低点之后重新激活了行情，但在 1935 年第一季跌破了 1934 年的低点，此时所有的投资人及经济学家都惊慌失措，认为美国股市陷入了前所未有的困境之中。就在跌势的最后一天，查尔斯接到来自艾略特的电报，语气坚定地告诉查尔斯，跌势不但已经结束了，而且还会走出一大波的多头行情。之后数月的行情证明了艾略特的观点是对的。

艾略特不仅一举成名，查尔斯更为艾略特印制了名为《波浪理论》（The Wave Principle）的小册子。至此，艾略特就在一些投资期刊发表有关波浪理论的文章，并在 1946 年出版第二本波浪理论专著，即《自然法则——宇宙的秘密》。1948 年艾略特病逝，结束了其波澜壮阔的一生。

艾略特的人生轨迹，正好可以用其波浪理论形象展示，如图 2-2 所示。

2. 提出理论

艾略特仔细研究道琼斯工业平均指数，发现牛市与熊市的价格波动具有重复性，从中受到启发，力图找出上涨和下跌的规律，由此发现波浪理论。艾略特关于波浪理论的思想集中于他的集大成之作《自然法则——宇宙的秘密》一书的阐述中。艾略特坚信，他的波浪理论是制约人类一切活动的普遍自然法则的一部分。

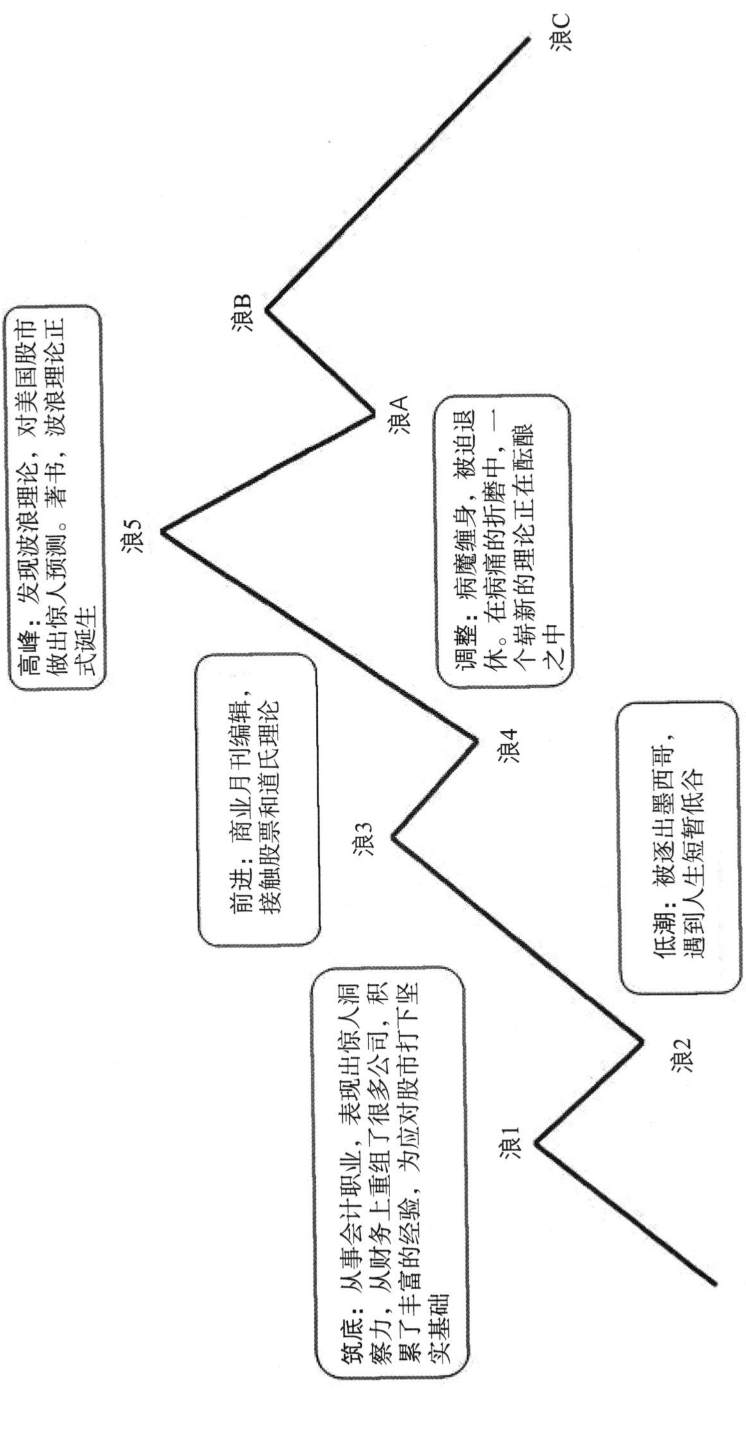

图 2-2　艾略特的人生波浪轨迹

波浪理论认为，股市是经济走势的晴雨表。由于经济走势具有周期性，股市也相应地具有周期性，其上涨和下跌都应遵循周期性的波浪式运动规律。

波浪理论是在道氏理论、趋势理论的基础上对股市进行的定量分析。波浪是指股票价格的波动，与大自然的潮汐、波浪一样，一浪跟着一浪，周而复始，具有相当程度的规律性，以一种“可识别的模式”前进和反转。这些模式在形态上不断重复，不一定在时间和幅度上重复，而是指周期和尺度比例的一致性，即自相似性，具有“混沌”的特性。股价波动犹如海水涨落，长期趋势是潮汐，中期趋势如波浪，短期趋势像波纹。

波浪理论揭示了股市中的内在规律，也使该理论具有强大的实战能力。波浪理论的优点是对即将出现的顶部或底部提前发出警示信号，而传统的技术分析方法只能在事后验证。艾略特波浪理论对市场运行具备了全方位的透视能力，从而有助于解释特定的形态为什么要出现，在何处出现，以及它们为什么具备如此这般的预测意义等问题。另外，它也有助于判明当前的市场在其总体周期结构中所处的地位，是对交易操作的有力支撑。

波浪理论的数学基础，就是在 13 世纪发现的斐波那契数列。

波浪理论认为，每一波完整的股价走势都是由八浪结构组成的，其中每一浪是股价走势中相邻低点与高点之间的运行轨迹。在牛市的八浪结构中，有两个大浪，分别为推动浪和调整浪。推动浪的浪数为 5(1、2、3、4、5)，在牛市中是股市运行的主要方向；调整浪的浪数为 3（A、B、C），在牛市中是股市运行的次要方向，与原来的主要趋势方向相反。推动浪和调整浪合起来为八浪，如图 2–3 所示。

牛市八浪结构循环中，前 5 段波浪构成一段明显的上升浪，其中包括三个向上的上升浪（1、3、5）及两个下降的修正浪（2、4）。上升浪是推动股价不断上升的关键所在，修正浪的每一步调整都是为后面的上涨积蓄力量。

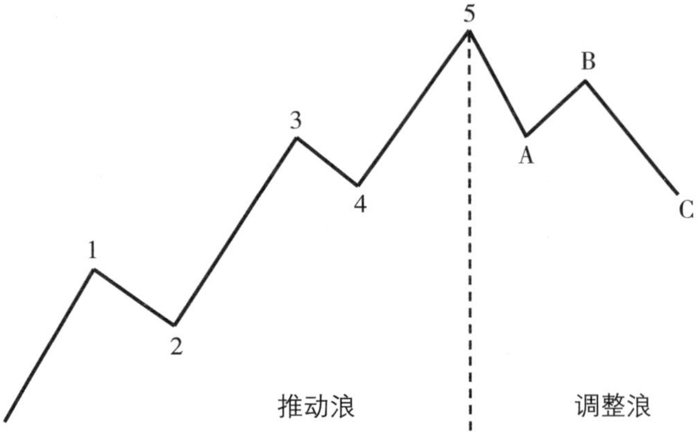

图 2-3　波浪理论八浪结构

之后，是由三个波浪（A、B、C）组成的一段下跌趋势，是对前段五浪升势的总调整。这一段又可细分为两个向下的下跌浪（A、C）和一个向上的修正浪（B）。

这是艾略特对波浪理论的基本描述。在这八个波浪中，上升的浪与下跌的浪各占四个，可以理解为艾略特对于股价走势对称性的隐喻。这里只以上升趋势进行讲解，下跌趋势同此。若无特别说明，后文只对上升趋势中的八浪结构进行讲解演示。

波浪理论浪中有浪，大浪中有中浪，中浪中有小浪，小浪中还有超小浪，无限分形自相似。在波浪理论中，最困难的是波浪等级的划分。如果要在特定的周期中正确地指认某一段波浪的属性，不仅需要形态上的支持，而且需要对波浪运行的时间作出正确的判断。换句话说，波浪理论易学难精，易在形态上的归纳、总结，难在价位及时间周期的判定。

对于初学的读者，只要在实战中能够判断一个局部的八浪结构就可以了，不必过于拘泥细节。至于这段走势之前或之后是什么样，不用考虑太多。特别是中国股市，很多情况下，股价并不一定按照标准的浪形来走，弄得太复杂会把自己绕晕。

第 2 节　波浪推演

1. 阴阳

一切物质的运动和发展都遵循阴阳、循环、往复的变化规律。太极图里，阴中有阳，阳中有阴，反映了事物发展的三大规律：对立统一、质量互变、否定之否定。如图 2–4 所示。

图 2–4　太极图

任何事物的发展都不是单一方向、单一过程的运动，一年有春夏秋冬，月有阴晴圆缺，人有生老病死，生生不息，不断循环。自然界和人类社会的运动发展都存在着快慢、多少、好坏、正反等相对应的两个方面。

金融市场的价格波动有其不可抗拒的自然规律，如同大自然中的海浪潮汐有潮涨潮落一样，也遵循着涨跌互现、阴阳转化、快慢交错的波浪运动形式。阳和阴，涨和跌，相互依赖，又相互制约，既对立又统一，共同维持着股票市场发展的动态平衡。

太极图中间的波浪线正是这种运动特征的一种直观反映。

2. 太极推演

“太极生两仪，两仪生四象”，这句话最先出自《易经》。

八卦是中国古代人民的基本哲学概念，是古代的阴阳学说。所谓八卦就是八个卦相，是由太昊伏羲氏，也就是伏羲画出的。八卦其实是最早的文字，是文字符号。它与中国文化中的阴阳、五行一体用来推演世界空间、时间各类事物的关系。

《易传·系辞·上传》：“易有太极，是生两仪，两仪生四象，四象生八卦。”孔颖达说：“太极谓天地未分之前，元气混而为一，即是太初、太一也。”整段话的意思是说，浩瀚宇宙间的一切事物和现象，都包含着阴阳、表里两面，它们之间是既互相对立斗争，又相互滋生依存的关系，这是物质世界的一般规律，是众多事物的纲领和由来，也是事物产生与毁灭的根本所在。

天地之道，以阴阳二气造化万物。天地、日月、雷电、风雨、四时、子前午后，以及雄雌、刚柔、动静、显隐、收放，万事万物，莫不分阴阳。人生之理，以阴阳二气长养百骸。经络、骨肉、腹背、五脏、六腑，乃至七损八益，一身之内，莫不合阴阳之理。

这一理论建立至今已有两三千年，仍在被人们用来描述万象。人与自然之间存在着互动的关系。人与天地相参，与日月相应，一体之盈虚消息，皆通于天地，应于物类。

所谓太极即是阐明宇宙从无极到太极，以至万物化生的过程。

太极，即为天地未开、混沌未分阴阳之前的状态，也就是混沌，万物一体，宇宙一心。

两仪，指天地或阴阳。一些武术家借用此词来引申到拳法中，将动为阳、静为阴，合称动静为两仪。

关于“两仪”，综合历代易学家的理论，计有七说：一说为阴阳，一说为天地，一说为奇偶，一说为刚柔，一说为玄黄，一说为乾坤，一说为春秋，但通常是指阴阳。

四象，即太阳、太阴、少阴、少阳，又名少阳、老阳、少阴、老阴。

从数学角度论四象为：七、九、八、六。

从方位角度论四象为：东、南、西、北。

从一年季节论四象为：春、夏、秋、冬。

八卦，即乾、坤、巽、兑、艮、震、离、坎，分别代表天地等诸意。“四象”演“八卦”，最初就是为了确立“方位”。

图 2–5、图 2–6 形象地演示了太极到八卦，以及六十四卦的整个演绎过程。从太极到八卦，实际上就是一个分形再分形的过程。

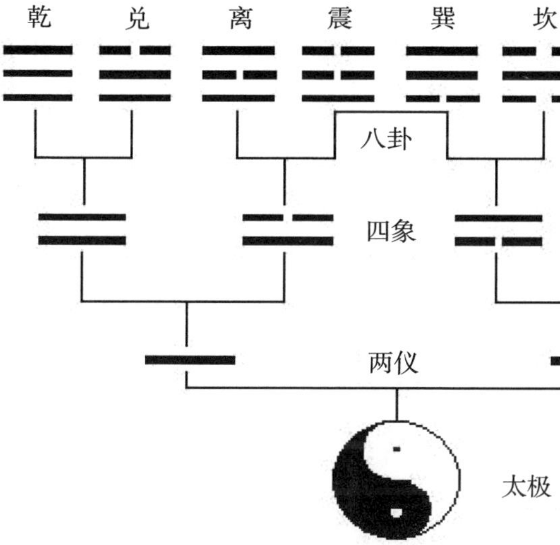

图 2–5　八卦演绎图

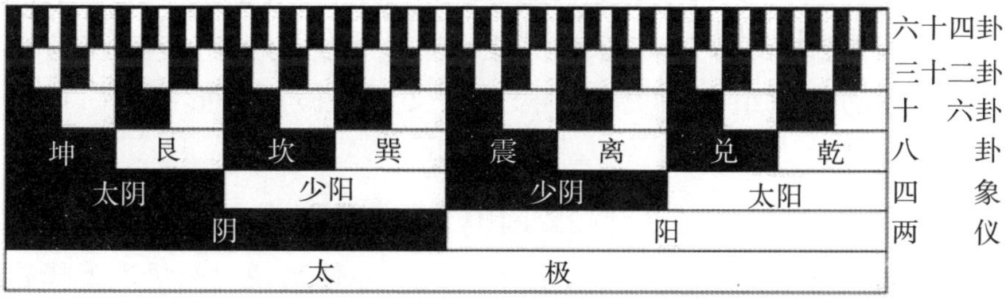

图 2–6　六十四卦演绎图

3. 基本分形

下面尝试以太极原理来推演股价结构波动规律，对波浪理论进行详细的诠释。

在《股价结构：趋势与轨道》一书中，讲到股价的基本运动方向有向上、向下和震荡三种，分别对应多头市场、空头市场和多空均衡市场。价格运动是多空双方资金力量的争夺和博弈过程，从而推动价格朝某个方向运动。市场中两种力量同时存在，相互独立又相互转换。如果市场中只存在一种力量，价格将失去均衡，走向极端，最终导致崩溃和回归。

（1）简单走势分形。

如果只是从微观的角度，或者说小周期范围来看，股价运动有三种简单的运动方向，如表 2–1 所示。

表 2–1　走势的三种基本分形

类　型	图　示	说　明
重心向上移动	↗	多头趋势
重心向下移动	↘	空头趋势
重心水平移动	→	多空均衡

（2）微观走势分解。

当然，股价的运动不是一帆风顺的，不可能一条直线上升或下降，或者一条水平线运动。从最简单的组合排列来看，由于分形的自相似性，以上三种运动可以组合为更具有普遍意义上的微观分形结构。如表 2–2 所示。

从哲学的角度来讲，上升趋势阳中有阴，阳长阴短，总体来说仍然呈现上升趋势；下跌趋势阴中有阳，阴长阳短，总体来说仍然呈现下降趋势。阴阳此消彼长，相互依存，达到了一种微观上的对立与统一。

表 2–2　走势的八种组合分形

类　型	图　示	微观分解	说　明
重心向上移动		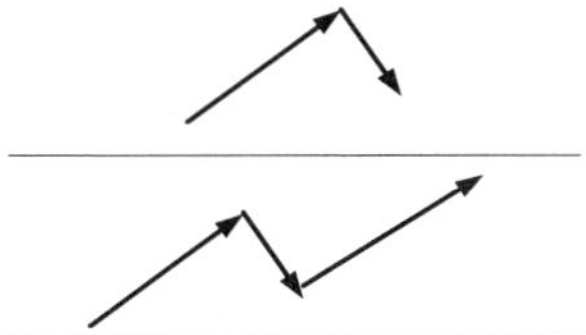	多头趋势
重心向下移动		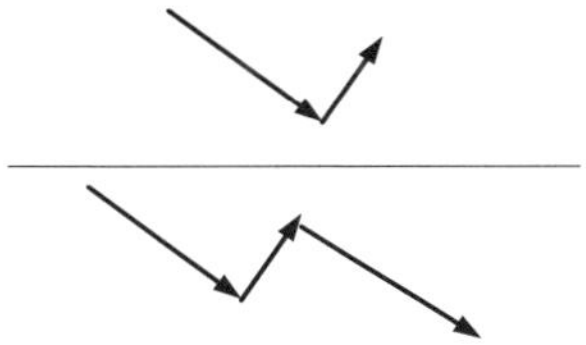	空头趋势
重心水平移动		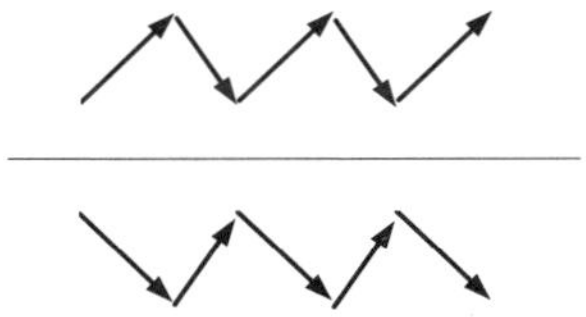	多空均衡

还记得《股价结构：压力与支撑》中讲到的压力支撑带吗？该书中将股价的波动区间划分为回调支撑区和反弹压力区，各自又分为 6 个小的区间带，分别对应极强区、强势区、正常区、弱势区、极弱势区和最后防线区。海水在涨潮时，虽然会有小的浪尖浪底，但随着时间的推移，每一个浪尖都会超过前一波的浪尖；落潮时，虽然也会时时夹杂着许多小的浪尖浪底，但随着时间的推移，每一个浪底都会低于前一波的浪底，这就是趋势。

在股市中，对趋势的判断就是基于此。如果上涨行情中突破了回调支撑区域，或者下跌行情中突破了反弹压力区域，说明趋势发生改变，行情反转了。

在波浪理论中，上升趋势成立的条件如下。

① 第 1 波和第 3 波价格运动趋势向上。

② 第 2 波回调的幅度不能超过第 1 波上涨幅度的 0.618 倍。

③ 第 2 波回调的时间不能超过第 1 波时间周期的 0.618 倍。

同样，下跌趋势成立的条件如下。

① 第 1 波和第 3 波价格运动趋势向下。

② 第 2 波反弹的幅度不能超过第 1 波下跌幅度的 0.618 倍。

③ 第 2 波反弹的时间不能超过第 1 波时间周期的 0.618 倍。

那么，震荡趋势成立的条件呢？有的股价震荡的时候波动区间大，有的是在一个狭窄的水平通道里波动，没有一定的标准。一旦股价突破通道，随后经确认是无效突破，震荡趋势仍然持续。

小知识

无效突破的条件

① 股价没有真正突破压力线或支撑线，收盘价突破的幅度小于 3%，或者盘中曾经冲破压力线,但收市价仍低于压力线,这样的突破,都不能算有效突破。

② 在行情向上突破的过程中，成交量没有同步放大，说明跟风的意愿不强烈，有回落的可能。

③ 股价突破压力线或支撑线，随后 3 个交易日内又跌回趋势线以内。

无效突破的详细解释和案例可参阅《股价结构：压力与支撑》一书。

在讲趋势的时候，一定要清楚的几个基本问题

●在什么时间框架内，1 分钟，15 分钟，还是日线级别？

●主要趋势的方向。

●次要趋势的方向。

比如图 2–7，从日线级别上看，主要趋势是向上的，方框内小范围是局部震荡行情。在技术分析中，既要抓住主要方向，又要兼顾局部细节。

（3）宏观走势拓展。

有了以上微观波动分形结构的各种基本元素，可以把这些低级别的元素进行拓展，通过嵌套、组合、排列等形式繁衍变化，进而形成更复杂的、级别更高的趋势或无趋势走势，生成千姿百态的股价波动图。

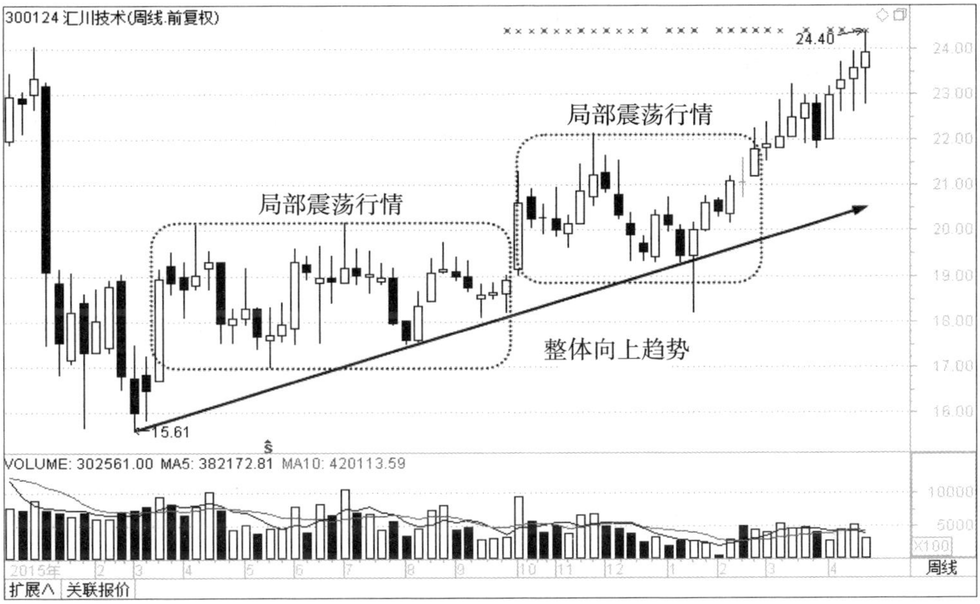

图 2–7　局部震荡整体向上行情

4. 波浪推演

基于以上波动分形，为了便于读者理解记忆，可以对波浪理论进行简化推演。

首先，波浪理论源自美国，从长期走势来看，道琼斯指数一直是震荡上升的。先画一条上升趋势线，代表其长期走势。如图 2–8 所示。

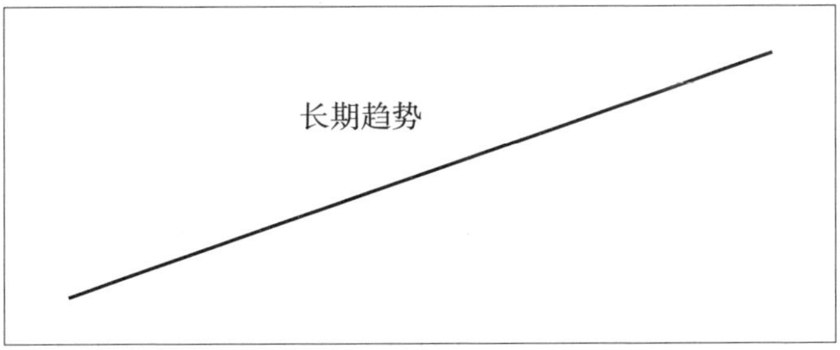

图 2–8　股价长期走势

但是，股价走势不可能一帆风顺，不会单纯呈一条直线上升。后期上升动能会慢慢衰竭，股价会有回落，这样才能达到阴阳和谐统一。前一阶段是上升浪，后一阶段称为下跌浪。长期走势仍然是上升，故修正如图 2–9 所示。

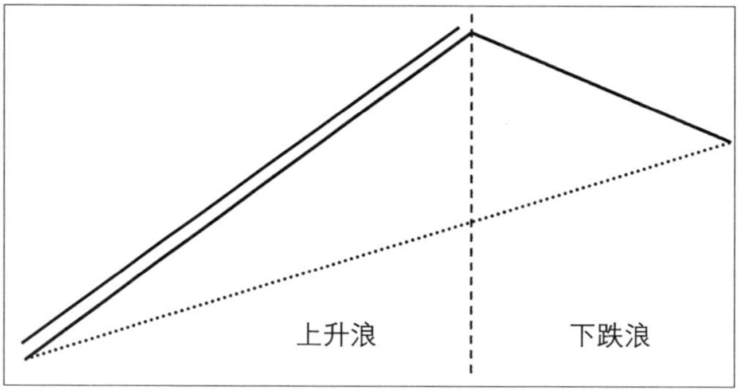

图 2–9　股价波动两个局部阶段

当然，上涨的过程也不可能很顺利，中国有句古话叫“一波三折”，就是讲事物的发展不是一蹴而就的，中间会经历波动和曲折。把细节也画上，就变成了图 2–10 这个样子。

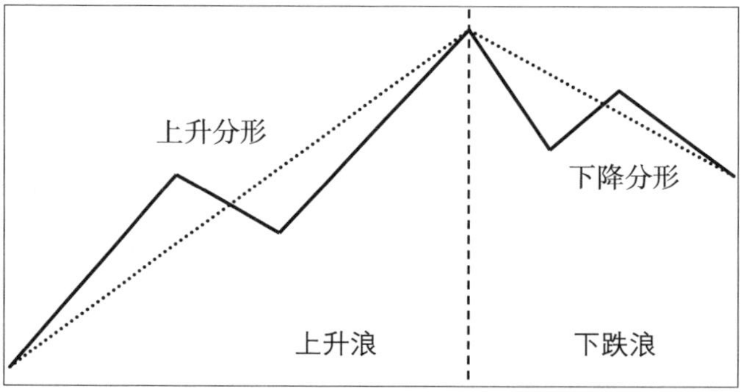

图 2–10　股价两阶段分形

由于整个趋势是上升的，上升浪无论从幅度规模上，还是数量上，都不应该和下跌浪是简单的 1:1 对等关系，对前期的波动再加一个分形，或者对前期两个上升阶段进行简单的分形扩充，就得到了如图 2–11、图 2–12、图 2–13 所示的结构。

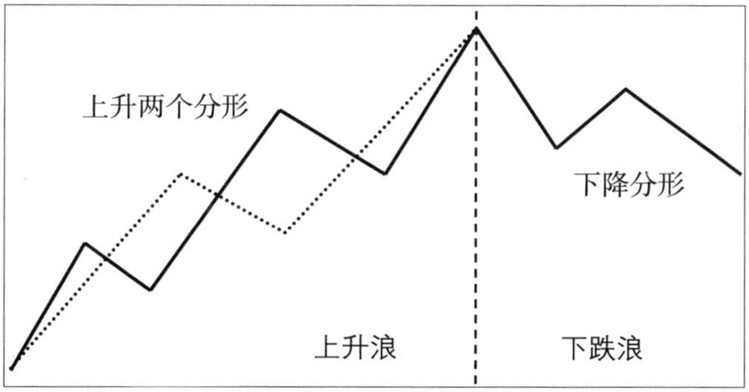

图 2–11　股价上升阶段添加一个分形

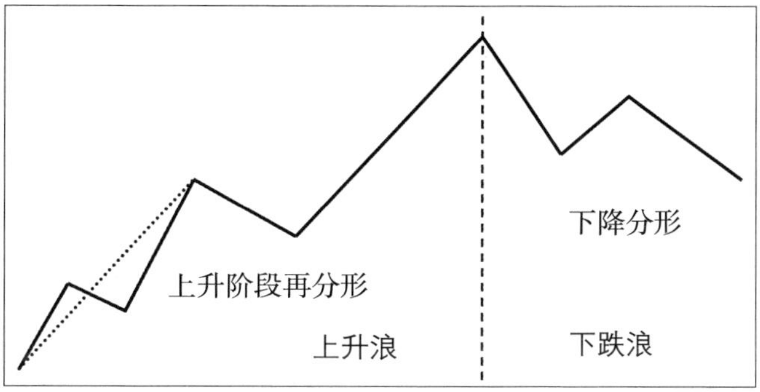

图 2–12　股价上升阶段再分形（1）

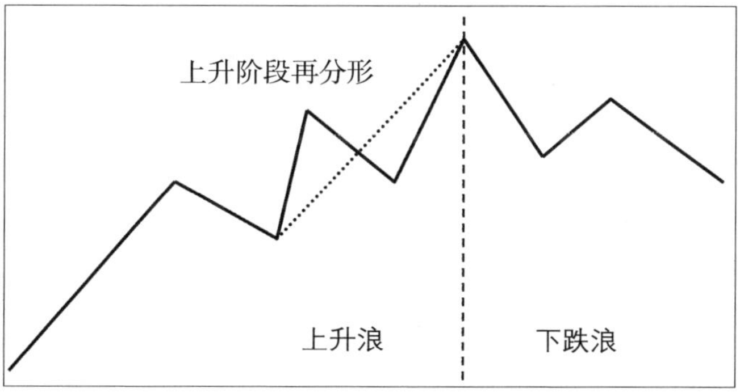

图 2–13　股价上升阶段再分形（2）

【特别说明】

股价上升阶段再分形（一）和（二）这两种变异形态，实际上还可以再分形，为波浪的延长奠定了基础，就变成了浪 1 延长和浪 5 延长，后面将详细讲解。

以上对股价走势结构的分形分解和推演，只是对股价波动特点的一种形象化的拆解，便于读者理解记忆。但是，这是建立在广泛的、具有普遍意义的理论基础和实践经验之上，是股价波动的内在规律。只要存在各种不停的运动，价格走势的分形就必然存在，这种必然并非假象或猜测。艾略特波浪理论是分形的表现，是五升三降，理由仅仅是统计或自然观察。市场有其自身的规律，事实就是这样简单。

价格波动总是以不同的级别存在于走势图中，其级别主要与价格趋势运动的时间周期和形态的复杂程度有关。时间周期越长、形态越复杂，价格的波动级别就越高。

波浪的微观分形如图 2-14 所示。

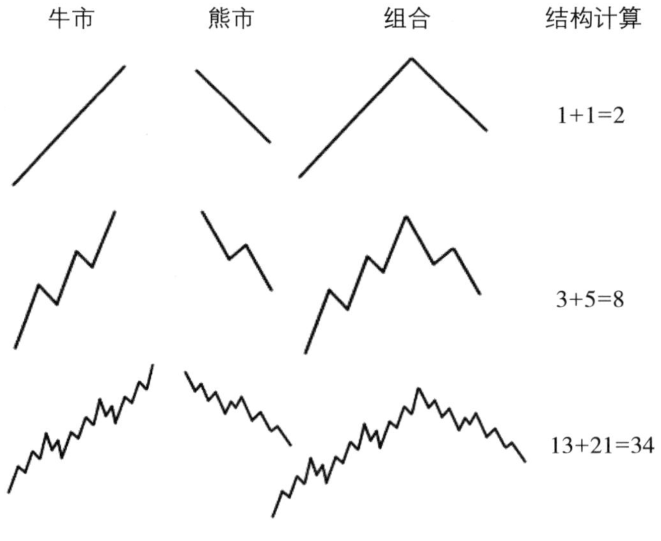

图 2-14 波浪结构的微观分形

从本质上来讲，股价之所以能够走出一波三折的结构，实际上还是基于主力运作成本的考虑。主力机构运作一只股票是有成本的，当股价回落到前期低点时，主力必须拉升股价，否则面临被套的风险，所以说买在回调的位置，相当于打到主力的七寸，享受主力抬轿是早晚的事儿。主力在后期拉升创出新高，才能达到逢高获利了结的目的，完成主力机构低买高卖的赚钱模式。

第 3 节　深层剖析

1. 波形叠加

对于时间与价位的关系，江恩提出以圆形作为分析的基础，而艾略特的波浪理论则以螺旋形作为分析的基础，一个是静态，一个是动态，各有所长。

倾向于以“圆形”进行技术分析的投资者认为，市场价格涨跌只不过受到周期循环的影响，市场不会永远上升，也不会永远下跌，如江恩的圆周分割法（详见《股价结构：压力与支撑》第 3 章江恩比率部分）。还有一种技术派认为，市场走势有其总趋势和方向，一切涨跌只是短期波动的噪音。这类投资者的分析方法永远是以趋势为主，典型的如道氏理论。

如果将上述两种观点结合起来，既关注历史走势的循环特性，也注重走势的方向，两种模式结合，便可出现另外一种观点，即“弹簧式”走势结构。这种分析方法打破了圆形分析的局限，是一种以循环形式运动发展的动态走势分析方法。应用在市场分析上，投资者会正视金融市场上下循环的特性，但仍然相信市场存在整体的趋势。

波浪理论既去掉了圆形循环分析的封闭观念，又去掉了线性分析单一趋势方向的观念，将二者和谐统一起来，加入了混沌分形的特征。在金融市场上，市场每每扩张到极点后，会一下子出现灾难性的收缩，收缩到极点后，又戏剧性地出现另一次扩张，这就是螺旋式事物发展观的核心思想。其数理基础，就是斐波那契神奇数字。如图 2–15、图 2–16 所示。

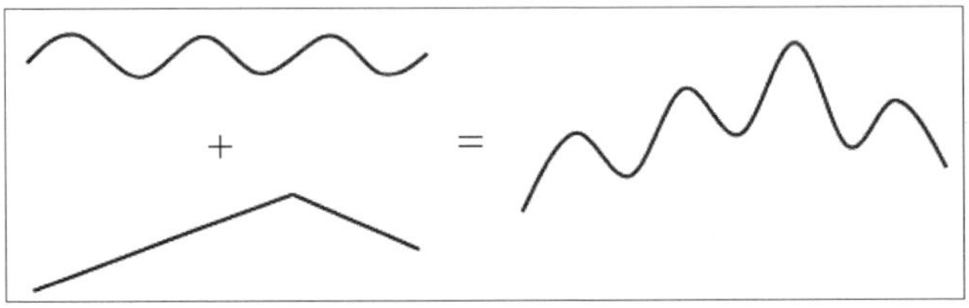

图 2–15　圆周循环和趋势叠加形成波浪示意图

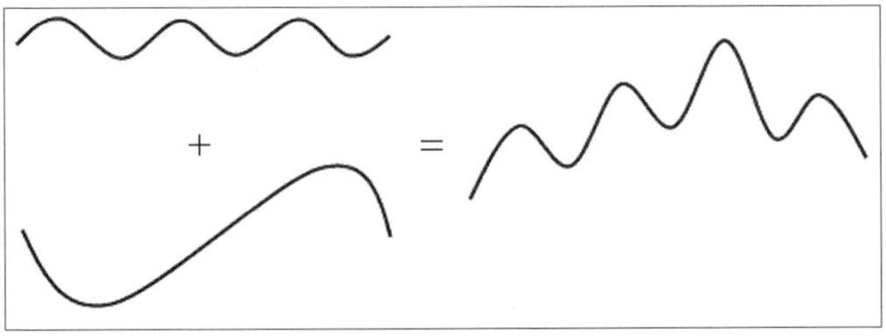

图 2–16　不同周期分形叠加形成波浪示意图

2. 复合结构

一个八浪循环结束后，一个相似的循环会接着发生，形成一个相对规模较大的另一级别八浪模式。这种分形结构以自相似模式不断衍生发展，最后形成一个大的复合结构，这就是波浪的循环往复。

无论浪级如何，其基本形态是不变的，都符合基本的八浪波动结构特征。在任何浪级的趋势中，与大一浪级趋势同向的作用以五浪方式发展，而与大一浪级趋势逆向的反作用以三浪方式发展。

随着浪级的提高，更高级别的波浪循环形态便会产生。图 2–17 展示的是波浪的复合形态，或者称为嵌套形态。

图 2–17 并不意味着波动结束，如前所述，这个更大的循环自动成为下一个更大浪级波浪的细分浪。只要这个过程不停，向更大浪级发展演变的

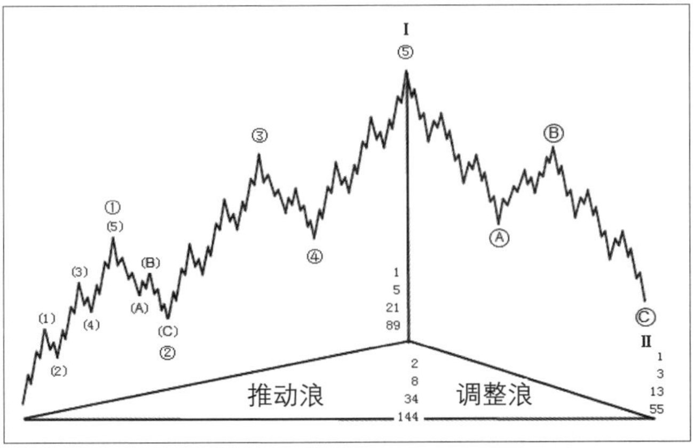

图 2–17　完整的市场循环

过程就继续进行。同样，细分成更小浪级的过程也永不停息。

波浪理论揭示了人类进化的大循环，并提示了它怎样以及为什么要这样展开的道理，不仅包括了小规模的循环，还包括了大规模的循环。正是这种理论告诉我们，自然界中没有什么东西是无序的或无形的。比如，人的生命是有形态的，人类前进也是有秩序的，而且遵循了一定的社会形态。延伸下去，人类的一切社会活动也是有秩序和有形态的。

股价之所以存在结构，从根本上说，都是因为存在秩序和形态。而波浪理论告诉我们，形态无论是大是小，基本结构是恒定的。

3. 心理状态

波浪理论把投资者的群体行为特征包括进去，群体的情绪从悲观到乐观，再从乐观到悲观，在每个轮回中，往往沿着相似的结构不断地运动发展着。这个过程，实际上反映了主力运作一只股票的整个轨迹，包括“吸、拉、派、落”的操作手法。

基本浪型各浪中交易者的心理状态，与走势的阶段性相吻合，实际上表现的是处于不同的市场位置时，对利益的渴望和对损失的恐惧。这两种人类与生俱来的情绪，相互综合作用，在市场上淋漓尽致地表达了出来。

把握波浪的市场特点（如图 2–18 所示）及交易者心理的阶段性变化（如图 2–19 所示），能够帮助我们更好地了解市场，正确数浪。

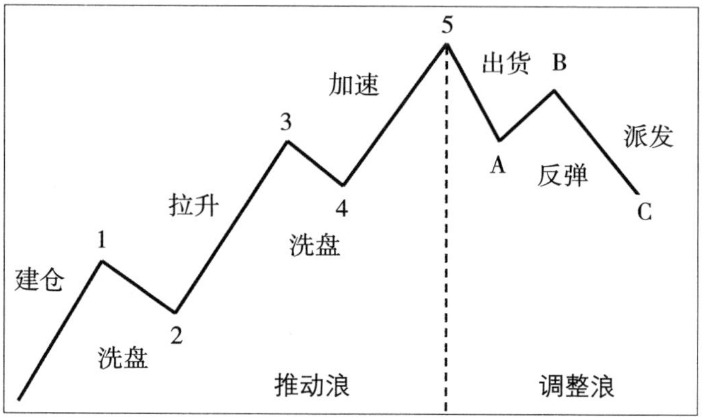

图 2–18 股价波动的市场运作模式

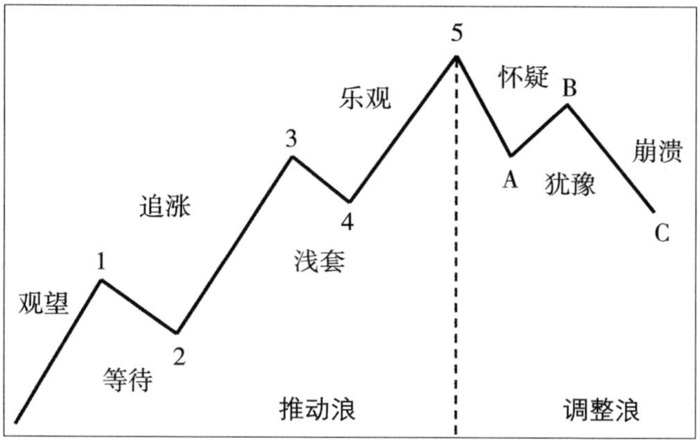

图 2–19 股价波动的群体心理模式

☑ 浪 1

至少半数情况下，第一波都在底部运动，并且被第二波大幅度调整下去。由于有前面的跌势，第一波常呈结构性上升，成交量和幅度稍有增长。在浪 1 中，众多投资者仍有熊市惯性思维，因此很明显有大量的平仓盘顺势出逃。

☑ 浪 2

此浪下跌的调整幅度相当大。可能调整浪 1 由 0.386 成 0.618，也可能吃掉浪 1 升幅的 100%。当浪 1 的获利又被卷回时，市场再次恐慌，都误以为熊市仍将持续。常在浪 2 出现道氏的买点，低成交量表明市场抛盘已尽。

☑ 浪 3

浪 3 涨势强劲，幅度大，趋势明确。随着投资者信心回升，势头日渐看好，众多投资者参与其中。浪 3 常伴有很大的成交量，并且价格运动也常常产生一系列的延长波，价格疯狂上涨，每时每刻都有很大的市场利润，导致买卖活跃，换手充分。浪 3 往往是股票市场推动力最强的上升浪，当浪 3 展开时，它的市场特性为正确数浪提供了很好的依据。

☑ 浪 4

浪 4 的波幅可以预测，并且根据波浪形态的交替规律，它与同等级浪 2 的运动形态往往不同，有时波动的结构较为复杂，也常出现倾斜三角形的走势。在这一浪中，借助浪 3 的力量价格形成顶部并开始下滑。由于这一浪初期显露市场疲乏的征兆，浪 5 中市场随后发出确认信号。

☑ 浪 5

在股市中，浪 5 的涨势常小于浪 3，但在期货市场，往往出现相反的情况。浪 5 经常是最长的波浪，且经常出现延长波浪。动力指标出现背离现象，预示市场可能出现顶部。由于浪 5 的力度有减弱的倾向，有时会形成上升楔形的消耗性走势。另外值得注意的是，浪 5 有时会出现失败型态，即顶点不能升越浪 3 的浪顶。

☑ 浪 A

投资者通常认为熊市的浪 A 是为下一个上升作出的调整，因此倾向于买方，尽管这时技术上已首次表明市场濒临崩溃。浪 A 引出下面的浪 B，此时浪 A 由五浪组成，那么就是之字型态。如果浪 A 由三浪构成，那么就是平坦型态或三角型态。

☑ 浪 B

浪 B 的上升形态往往会形成多头陷阱，很容易使投资者误认为是另一波段的涨势。部分先知先觉的投资者会发现市场波动有些异样，多种技术指标明确给出背离信号，趋势上已不属于强势，随时都有可能发生崩塌的危险。

通常中型级或更低的浪 B 会出现成交量减少的情况，而基本级或更高级的浪 B，则可能伴随着成交量的增加，甚至高于前面牛市的成交量，表明更大范围地诱惑场外资金进入。此时已经是博傻阶段，也许是清仓的好时机。浪 B 被称作是多头的逃命线。

☑ 浪 C

浪 C 通常是毁灭性的，具有浪 3 类似的特性，跌幅大，持续时间长。浪 C 可以划分为低一级的五个波浪，因此浪 C 也是顺流 5 个浪，逆流 3 个浪。浪 C 的 5 个波浪代表整个调整市势走完，趋势将会回头上升。在平坦型的调整浪内，浪 C 多数会低于浪 A，即浪 A 与浪 C 的长度相同。若调整以不规则的调整浪形态出现，浪 C 必然会跌破浪 A 的底，浪 C 的长度通常是浪 A 的 1.618 倍。

4. 波浪中的斐波那契数字

艾略特的波浪理论以斐波那契数列作为度量分析的工具，股价波动中每一浪的幅度和前一浪之间的比值都符合该数列的比值规律，即黄金分割数字。再分形后，形成各种不同大小的比例数字，如 0.236、0.382、0.809、1.618、2.618、4.236、6.854 等。

斐波那契数列是波浪分析的基础，这一切衍生出艾略特波浪模式分析的整体框架，主要表现在以下几个方面。

☑ 浪形结构

各个级别浪的数目均与斐波那契数列有关。

在波浪理论中，推动浪的浪数为 5（1、2、3、4、5），调整浪的浪数为 3（A、B、C），合起来为 8。若把波浪细化，大的推动浪可以分为 1、3、5 三浪，它们为推动浪，2、4 为调整浪。大的调整浪可分为 A、C，它们为推动浪，B 为调整浪。这样大的推动浪为 5+3+5+3+5=21，调整浪为 5+3+5=13，合起来为 34。

若再进行更详细的浪形划分，大的推动浪为 21+13+21+13+21=89，调整浪为 21+13+21=55，合起来为 144（详见图 2–17）。

一个完整的升跌循环，可以划分为 2、8、34 或 144 个波浪。

所以，波浪理论怎么细分，都精确在这个数列上：1、2、3、5、8、13、21、34、55、89、144、233。

☑ 浪的比率

斐波那契数列最基本的特征就是，任何一个数字与下一个数字的比率大约是 0.618，而与之前一个数字之比大约是 1.618。小到原子结构、DNA 分子，大到行星的距离和周期，大自然在其最本质和最高级的模式中采用黄金比率。波浪与波浪之间的比率，经常出现的数字，可以细分为以下三种。

（1）推动浪的比率关系。

各浪长度呈斐波那契比率关系：1.618、2.618、0.618、0.382 倍。

浪 3 最小目标涨幅 = 浪 1 涨幅 ×1.618 + 浪 2 底

由浪 1 涨幅测算出浪 5 上涨目标区域的公式：

浪 5 = 浪 1（或浪 1 × 0.618）

浪 5 最低理论高度 = 浪 1 底点 + 浪 1 涨幅 × 2 × 1.618

浪 5 最高理论高度 = 浪 1 顶点 + 浪 1 涨幅 × 2 × 1.618

由浪 1 至浪 3 测算出浪 5 上涨目标区域的公式：

浪 5 = 浪 1 ～ 3 × 1.618

浪 5 最低理论高度 = 浪 3 顶 +（浪 3 顶点 − 浪 1 底点）× 0.382

浪 5 最高理论高度 = 浪 3 顶 +（浪 3 顶点 − 浪 1 底点）× 0.618

由浪 3 测算出浪 5 上涨目标区域的公式：

浪 5 = 浪 3（或浪 3 × 0.618）

（2）调整浪的比率关系。

如果调整浪以“3–3–5”平坦型回落，浪 C 幅度通常是浪 A 幅度的 1.618 倍。如果调整浪以“5–3–5”曲折型回落，则浪 C 幅度通常等于浪 A 幅度。

在收缩三角形内，每个浪的升跌幅度，与其他浪的比例，以黄金分割的比率维系，通常为 0.618。

（3）调整浪对推动浪的回吐比率关系。

调整浪对推动浪的回吐幅度一般是推动浪的斐波那契百分比，常见的有：0.236（0.618 × 0.382）、0.382、0.5、0.618。另外，1/1、1/3、2/3 的比例也常见到。

① 强势的回档多为 0.382 及 0.236，浪 4 多见。

② 弱势市场的回档可达 0.618、2/3 及 1/1，2 浪、浪 B 多见。

☑ 派生比例关系

0.382：浪 4 常见的回吐比率、部分浪 2 的回吐比率、浪 B 的回吐比率。

0.618：大部分浪 2 的调整幅度、浪 5 的预期目标、浪 B 的调整比率、三角形内浪与浪之间的比率。

0.5：常见的是浪 B 的调整幅度。

0.236：浪 3 或浪 4 的回吐比率，但不多见。

1.236 与 1.382：ABC 不规则的调整形态中，利用该比率预估浪 B 的可能目标值。

1.618：浪 3 与浪 1、浪 C 与浪 A 的比率关系。

☑ 浪的运行时间

在日（周、月、年）线图上，从重要的转折点出发，向后数算到第 13、第 21、第 34、第 55 或者第 89 个交易日，预期未来的顶或底就出现在这些“斐波那契日”上，投资者可因此发现未来市场转折点的时间之窗。

以上比率、尺度、时间等的计算方法将在第 4 章详述。

5. 主要缺陷

（1）波浪理论高手对现象的看法并不统一。每一个波浪理论高手，包括艾略特本人，很多时候都会受一个问题的困扰，就是一个浪是否已经完成而开始了另外一个浪。有时甲看是第一浪，乙看是第二浪。差之毫厘，失之千里，看错的后果可能十分严重。一套不能确定的理论用在风险奇高的资本市场，操作错误足以使人损失惨重。

（2）怎样才算是一个完整的浪，也无明确定义。股票市场的升跌次数，绝大多数不按五升三跌这个机械模式出现。波浪理论高手曲解说有些升跌不应该计算到浪里面，数浪具有随意主观性。

（3）波浪理论有所谓伸展浪（Extension Waves），有时五个浪可以伸展成九个浪。但在什么时候或者在什么准则下波浪可以伸展呢？艾略特却没有明言，使数浪这件事变成各人自定。

（4）波浪理论浪中有浪，可以无限伸延。亦即升市时可以无限上升，都是在上升浪中，一个巨型浪延伸一百几十年都可以。下跌浪也可以跌到无影无踪，都仍然在下跌浪。只要是升势未完就仍然是上升浪，跌势未完就仍然是下跌浪。这样的理论有什么作用？能否推测浪顶浪底的运行时间甚属可疑，等于纯粹猜测。

（5）艾略特的波浪理论是一套主观分析工具，毫无客观准则，市场运行却是受情绪影响而并非机械运行。波浪理论套用在变化万千的股市十分危险，出错机会非常高。

（6）波浪理论一般不建议用于个股的操作上。

6. 主要难点

虽然波浪理论使我们能够清晰看出股价波动的整体框架和轮廓，但是在实战中仍然存在难于识别和判断的问题。

浪形是研判股价波动结构的关键，也是实战操作中要把握的首要原则。若将某一浪看错，整个八浪结构都可能会出错，相应地对波动空间、时间的判断也会出错，最终的操作结果也好不到哪里去。

计算机复杂，但其原理是很简单的二进制；波浪理论复杂，但其可以简化为驱动和调整两种相反趋势组成。实际上，由于波浪理论的复杂性，读者虽然掌握了波浪分析的基本要点，但实战中仍然难以把握和应用。这里并不建议大家去研究过分复杂的浪形，对于一个中线交易者来说，未来几年的走势可能并不重要，未来几周或几个月的走势可能更关键。事实上，把这些短中期的走势搞清楚，盈利空间也就有了一定的保障。

因此，大家可以不必理会大周期的浪形分析，只关注某一阶段局部的典型八浪结构走势。操作好符合典型八浪结构走势的个股，这样可以回避掉很多复杂波浪形态的识别和数浪困扰，简化实战应用，也便于读者理解和掌握，增强交易的信心。

第 4 节　规则解析

1. 基本要点

波浪理论基本要点包括以下内容。

◇ 一个完整的循环包括八个波浪，五上三落。

◇ 波浪可以合并为高一级的浪，亦可以再分解为低一级的小浪。

◇ 跟随主流行走的波浪可以分解为低一级的五个小浪。

◇ 1、3、5 三个波浪中，浪 3 不可以是最短的一个波浪。

◇ 假如三个推动浪中的任何一个浪成为延伸浪，其余两个波浪的运行时间及幅度会趋于一致。

◇ 调整浪通常以三个浪的形态运行。

◇ 黄金分割率和斐波那契数列是波浪理论的数学基础。

◇ 经常遇见的回吐比率为 0.382、0.5 及 0.618。

◇ 第四浪的底不可以低于第一浪的顶。

◇ 艾略特波段理论包括形态、比率和时间三部分，其重要性以排行先后为序。

◇ 艾略特波段理论主要反映群众心理。参与市场的人越多，其准确性越高。

2. 主要规则

● 规则 1：浪 2 回调低点不会达到浪 1 起点

如图 2–20 所示，在上升趋势中，浪 2 的回调点位不能跌破浪 1 最开始的底部。

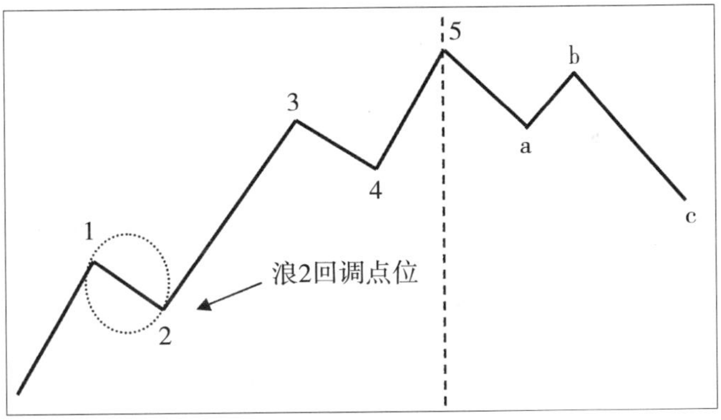

图 2–20　浪 2 回调不过浪 1 起点

假如浪 2 到达或跌破浪 1 的起点，会发生什么？如图 2–21 所示。

如果回调过深，跌破前期波段低点后，会出现三种情况：一种是形成横向震荡形态，一种是发展为扩展三角形形态，还有一种就是趋势发生反转，构成尖顶形态。出现这三种状态，都表明原来的上升趋势不成立，趋势转为震荡或下跌，上升的基础也就不复存在。

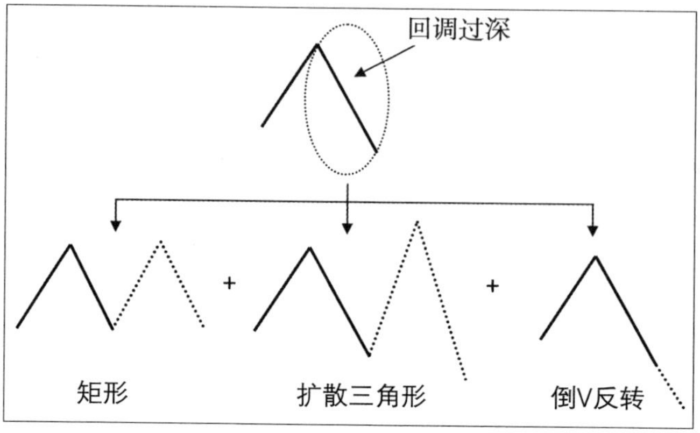

图 2-21　浪 2 跌破前一波低点

● 规则 2：浪 3 永远不是最短的一浪

如图 2-22 所示，在上升趋势中，浪 3 往往是上升三浪中最具有爆发力的浪，永远不会是最短的一浪。

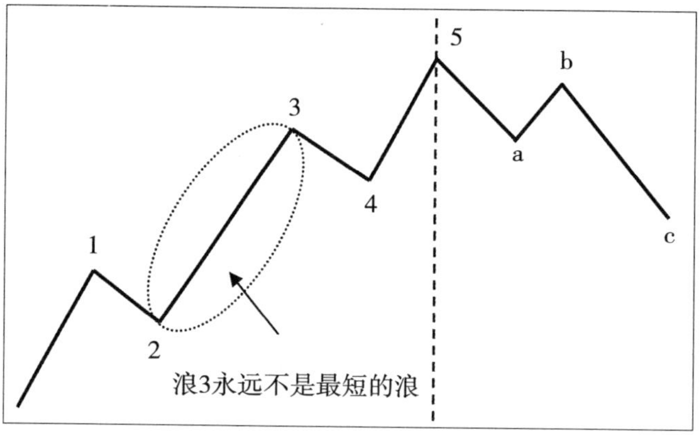

图 2-22　浪 3 不是最短的一浪

浪 3 是主力用资金大幅拉升所为，用凌厉的手法迅速上攻，吸引散户跟风介入，其突破性最强，涨幅也远远超过了浪 1 的上涨幅度。

● 规则 3：浪 4 不会跌破浪 1 的终点

如图 2–23 所示，在浪 3 大幅上涨后，大量的获利盘涌出套现，使股价出现回落。但是由于主力尚未完成出货，因此浪 4 的回调不会跌破浪 1 的终点。否则形态走坏，主力不能全身而退，后期拉升出货也比较困难。

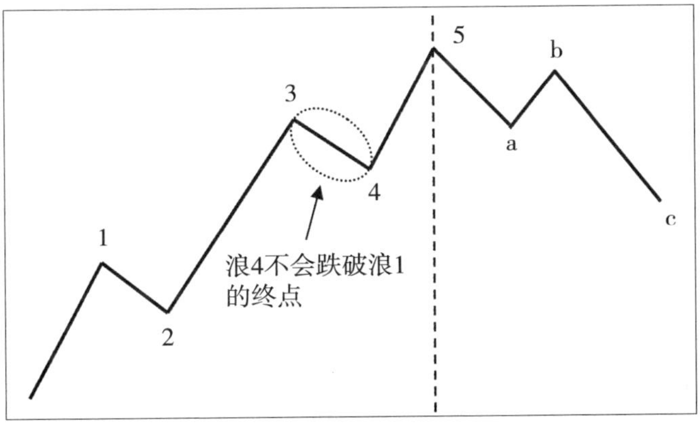

图 2–23　浪 4 不会跌破浪 1 的终点

下面举例说明，如图 2–24 所示。

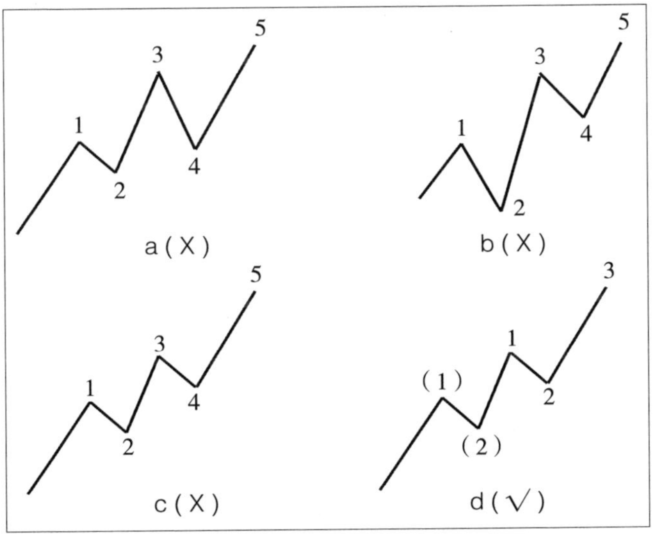

图 2–24　波浪识别

图 2–24–a 中，浪 4 低于浪 1 的顶部，与要点 3 相违背。

图 2–24–b 中，浪 2 低于浪 1 的底部，与要点 1 相违背。

图 2–24–c 中，浪 3 的长度明显短于浪 1 和浪 5，与要点 2 相违背。

实际上，正确的标示应该是图 2–24–d，浪 3 发生了延长。

第 3 章　波浪理论形态结构

形态是价格变化的轨迹，是市场结构的表现形式。

第 1 节 命名和标识

1. 级别划分

对波浪进行命名是为了将不同级别的浪级运动区分开来。下面的浪级顺序是由低浪级至高浪级，1 个浪级的 5 个浪将会组成下一个更高浪级波浪中的浪 1。例如 5 个亚微浪组成微浪级运动中的浪 1，而 5 个微浪组成细浪级运动中的浪 1，依次类推，顺序如下。

- 亚微浪（sub–minuette）
- 微浪（minuette）
- 细浪（sub–minuette）
- 小浪（minor）
- 中浪（intermediate）
- 大浪（primay）
- 循环浪（cycle）
- 超级循环浪（super cycle）
- 特大超级循环浪（grand super cycle）

以上浪级不断循环嵌套，形成大级别浪里面套中级别浪，中级别浪套小级别浪的结构形式。级别划分如表 3–1 所示。

2. 波浪标识

为了防止混淆，艾略特采用大写字母、小写字母、阿拉伯数字、罗马数字，以及给这些数字符号加圈来标识。如表 3–2 所示。

表 3–1　波浪级别划分

波浪级别	细浪名称
大级别	特大超级循环浪
	超级循环浪
	循环浪
中级别	基本浪
	中型浪
	小型浪
小级别	细浪
	微浪
	亚微浪

表 3–2　波浪命名标识

浪 级	顺势推动的五浪	逆势调整的三浪
特大超级循环浪	ⓘ ⓘⓘ ⓘⓘⓘ ⓘⓥ ⓥ	ⓐⓑⓒ
超级循环浪	(Ⅰ)(Ⅱ)(Ⅲ)(Ⅳ)(Ⅴ)(Ⅵ)	(a) (b) (c)
循环浪	Ⅰ Ⅱ Ⅲ Ⅳ Ⅴ	a b c
大 浪	① ② ③ ④ ⑤	ⒶⒷⒸ
中 浪	(1) (2) (3) (4) (5)	(A)(B)(C)
小 浪	1 2 3 4 5	A B C
细 浪	ⓘ ⓘⓘ ⓘⓘⓘ ⓘⓥ ⓥ	ⓐⓑⓒ
微 浪	(ⅰ)(ⅱ)(ⅲ)(ⅳ)(ⅴ)	(a) (b) (c)
亚微浪	ⅰ ⅱ ⅲ ⅳ ⅴ	a b c

其实，以上命名过于繁琐，读者不必关注太多，只要记住常用的几种就可以了。

艾略特通过对市场的长期走势观察，发现市场走势可以分为驱动和调整两种不同的走势，他把其中的一类相对强劲、可以严格定义的走法叫做驱动浪，其他的全部属于调整浪，下面两节分别讲述这两种浪形。

第 2 节 驱动浪

1. 基本模式

驱动浪是艾略特波浪理论的首要形态，对它的识别是数浪时最先要考虑的。驱动浪可以细分为 5 浪，驱动浪只使用 1、2、3、4、5 这样的数字进行标识，总是与大一浪级的趋势相同。这样标识简洁明了，相对容易认出和研判。如果一段走势不容易分辨，那么它很有可能不是驱动浪。

驱动浪分为推动浪和倾斜三角形（也叫楔形）两种。

由于翻译过来的汉字意思太接近，初学者往往对驱动浪和推动浪分不清。推动浪是驱动浪的一种，推动浪一定是驱动浪，驱动浪不一定是推动浪，它们是从属关系。

最常见的驱动浪是推动浪，推动浪的浪 4 不进入浪 1 领域，具有等长、延长、交替、价格通道等特性。除推动浪外，驱动浪还包括倾斜三角形模式，即只存在于浪 1 的引导倾斜三角形和浪 5 的终结倾斜三角形，它们的浪 1 和浪 4 可以重叠。

小知识

驱动浪和推动浪之间的区别和联系

（1）驱动浪是主导波浪形态的浪，在上升趋势中驱动浪是向上的，在下降趋势中驱动浪是向下的。

（2）驱动浪分两种：推动浪和倾斜三角形（楔形），大多数驱动浪以推动浪形态出现。上升 5 浪中的浪 3 只能是推动浪，浪 1、浪 5 可以是倾斜三角形，浪 1 的称为引导倾斜三角形，浪 5 的称为终结倾斜三角形。

（3）推动浪和倾斜三角形都是 5 波，但推动浪的第 4 子浪与第 1 子浪必须不重叠，同时推动浪的第 3 子浪不能是最短的。倾斜三角形的浪 1 与浪 4 往往存在重合。

（4）推动浪出现的概率较大。作为浪 5 的终结倾斜三角形，作为浪 1 的引导倾斜三角形，在实际走势中很难见到。

（5）浪 1 为倾斜三角形时，浪 2 调整会异常猛烈，以至于很多人怀疑是否会击穿浪 1 底部。浪 5 为倾斜三角形时，接下来的 ABC 下跌幅度和速率会非常大。

2. 推动浪

（1）形态特征。

最常见的驱动浪是推动浪，所谓推动浪就是维持所在周期大趋势的波浪。在同级别的波浪里，推动浪一浪超越一浪。任何一个推动浪都是 5 浪模式，标有 1、2、3、4、5，与大一浪级同向运动。如图 3–1 所示。

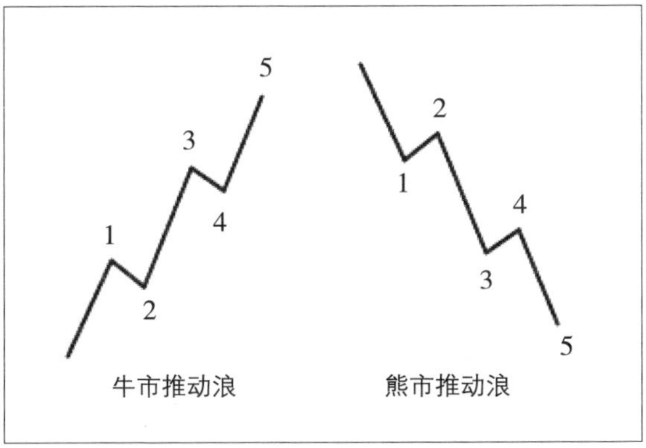

图 3–1　常见推动浪形态

推动浪必须符合下面的规则，这些规则属于铁律，不可以随意破坏或违反。

① 浪 2 回撤总是不超过浪 1 的起点。

② 在浪 1、浪 3、浪 5 中，浪 3 永远不是最短的浪。

③ 浪 4 不能回撤超过浪 1 的终点（即浪 1、浪 4 不能重叠）。

上面三条是数浪的关键，必须牢记。在特殊情况下，比如期货市场，允许出现浪 1、浪 4 重叠，但仅限于非常短暂的日内（或一两日）价格波动，而且非常少见。

补充说明如下。

- 推动浪往往出现在更大级别波浪的 1、3、5 浪，锯齿和平台型调整浪的 C 浪，锯齿形调整浪的 A 浪等位置。
- 浪 1、浪 3、浪 5 均是驱动浪，浪 2、浪 4 为调整浪，浪 2 不能为水平三角形。

（2）延长。

所谓浪的延长，是指浪的运动发生放大或拉长的现象。延长浪会以大小相似的八浪结构出现，是人们一致强烈看好某一个方向的表现。

浪 1、浪 3、浪 5 经常会有一个波浪出现延长，而且仅有一个波浪延长。浪 3 是最容易延长的波浪，也常常是最长的一浪。延长浪也可以再包括延长浪。股票市场浪 3 延长常见，期货或商品市场浪 5 延长明显多见。常见的延长浪形态如图 3–2 所示。

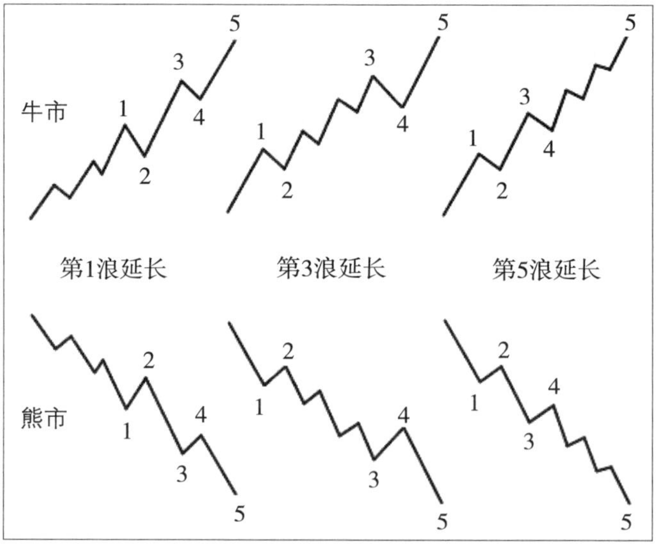

图 3–2　常见的延长浪形态

还有一种更复杂的延长浪，常在主力的持续拉升、洗盘或反弹卖出过程中出现。其主要特点是，每个浪的长度基本相似，无法分辨究竟是哪个浪延长。如图 3–3 所示。

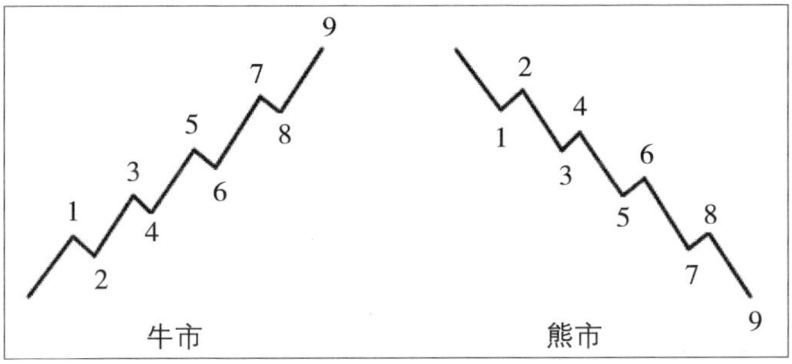

图 3–3　复杂延长浪形态

小知识

发生延长的几种常见情况

（1）一般来说，浪 3 延长的可能性最大，浪 1 延长的几率最低。

（2）如果浪 1、浪 3 都没有延长，那么浪 5 很有可能发生延长。

（3）如果浪 3 出现延伸，那么浪 5 理应是一个与浪 1 相似的简单浪。

如何区分延长浪还是 5 浪结构推动浪，关键要看两点：一是要看幅度是否够长；二是要看每个推动浪的大小、长度是否相似。

如果中间三个推动浪加起来才比一个推动浪长一点点，那就不是延长浪了。如果在趋势初期就出现了延长浪，市场在第一时间表现出强劲的上涨或下跌意愿，那么后面的行情通常不会很小。

波浪理论三大铁律指出：浪 3 不能是最短的。这为我们识别延长浪提供了一个参考点。如果你画出的浪 3 没有足够长，那么很可能它只是上升三浪的一个子浪。

同样，当浪 1 与浪 3 都是简单的升浪，那么就有理由相信浪 5 可能是一个延长浪，特别是当成交量急剧增加时。

研究波浪的延长对于预判股价走势意义重大，可以辅助预测推动浪的运行长度。如果浪 3 延伸，根据前面所述的交替法则，那么浪 5 和浪 1 的长度、运行时间可能相似。

延长浪与子浪没有太严格的区别。推动浪的延长浪最多只能有一个，但子浪全都有而且不能缺少。延长浪看起来比较清晰，易识别。子浪一般需要到更小的周期里识别，比如日线级别波浪的子浪需要到 60 分钟 K 线里辨别，而延长浪则没必要。

（3）衰竭。

当浪3异常强势的时候，随后的走势发生衰竭，浪5未能超越浪3的终点，也即出现失败的第5浪（如图3–4所示），有的书中会称作“截断的第5浪”。衰竭不常见，尤其是在稍大的浪级里，不要随便将波浪认作衰竭的浪 5。浪 5 总是 5 浪结构，这与调整浪的浪 B 是不同的。

失败的第5浪是波浪理论中推动浪的一个极端，也是延长浪的反向一面。失败第 5 浪能够出现的概率远远低于延长浪，可以用“几乎没有”来形容。不过，“几乎没有”并不代表真的没有，经验表明失败的第 5 浪通常喜欢以终结楔形出现，这一点大家要注意。

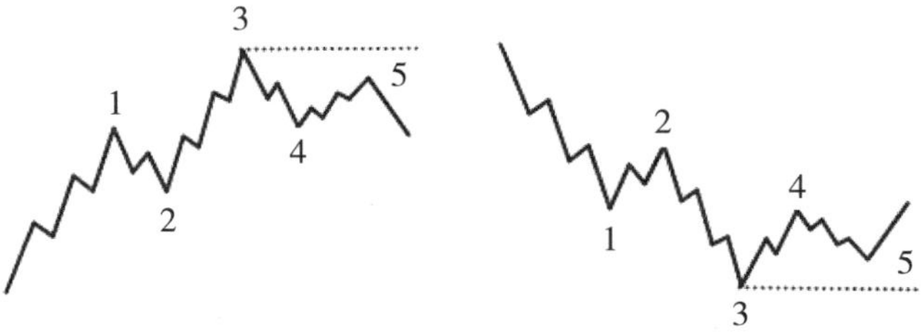

图 3–4　失败第 5 浪形态

小知识

失败的第 5 浪的几种简便判断方法

① 如果浪 1 的第 5 子浪出现了失败 5 浪，那么浪 3 的第 5 子浪是不会出现失败的。

② 如果浪 3 的第 5 子浪出现了失败 5 浪，那么浪 5 的第 5 浪是不会出现失败的。

以上判断方法可以简化为：相邻两个推动浪的最后一浪是不会同时出现失败 5 浪的。

3. 倾斜三角形

倾斜三角形是一种常见的五浪驱动模式，标有 1、2、3、4、5，并与大一浪级同向运动。如图 3–5 所示。出现这种形态，常常是由于先前的浪走得太快太远了，之后价格运行在由浪 1、浪 3 终点连线和浪 2、浪 4 终点连线组成的收缩通道线内。

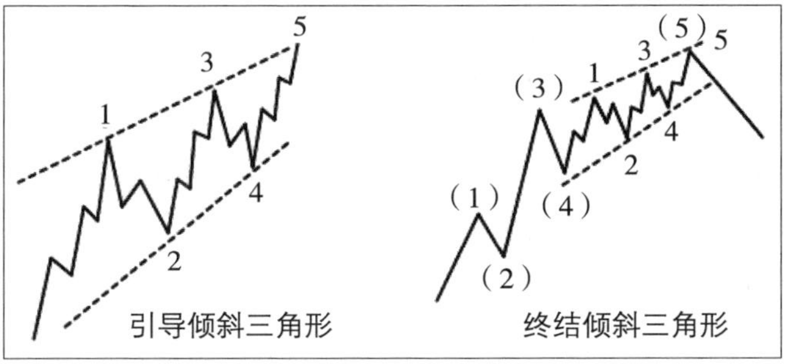

图 3–5　倾斜三角形形态

倾斜三角形是一种驱动模式，但不是推动浪，因为它有一两个调整特征。在波浪结构中，倾斜三角形会在特定的位置代替推动浪。

有两种倾斜三角形：引导倾斜三角形（简称 LD）和终结倾斜三角形（简称 ED），又分别称为引导楔形和终结楔形。它们具有不同的内部结构，出现在大一浪级的不同位置。

引导倾斜三角形是唯一一种在主要趋势方向上，浪 4 总会进入（即重叠）浪 1 价格领域的 5 浪结构（但有例外存在）。在极少数情况下，引导倾斜三角形浪会以衰竭形态告终。

终结倾斜三角形要比引导倾斜三角形常见得多，主要出现在浪 5 的位置上。很小一部分终结倾斜三角形出现在 A–B–C 结构的 C 浪位置上。在双重三浪和三重三浪中（见下一节），它们仅作为最后的浪 C 出现。在任何情况下，它们总能在大一级模式的终点找到，标志着大一级波浪运动的竭尽。

终结倾斜三角形以两条汇聚线内的楔形出现。它的每一个子浪，包括浪 1、浪 3 和浪 5，都可细分成“三浪”——在其他地方是一种调整浪的现象，从头到尾产生一个 3–3–3–3–3 的波浪计数。

倾斜三角形必须符合下面的规则，该规则属于铁律，不可以随意破坏或违反。

① 浪 2 不会回撤超过浪 1 的起点。

② 浪 3 在浪 1、浪 3、浪 5 中不是最短的浪。

③ 浪 4 与浪 1 允许重叠，而且经常是重叠的。

④ ED 出现在更大浪级的浪 5、浪 C 位置，LD 出现在更大浪级的浪 1、浪 A 位置。

⑤ ED 的五个子浪均为调整浪（3–3–3–3–3）；LD 的 1、3、5 子浪均为驱动浪，2、4 为调整浪（5–3–5–3–5）。

补充说明如下。

- 子浪一般都是锯齿型类（包括单锯齿、双锯齿及三锯齿）的三浪结构，ED 可以是平台型子浪。
- ED 的浪 3 可以比较复杂或成联合型调整浪。
- ED 的浪 5 有可能也是 ED，LD 的浪 1 有可能也是 LD。
- 三角形的两条边一般同时向上（或向下）倾斜并收敛（或扩散），扩散形态一般出现于“追涨杀跌”气氛浓厚的情况下。
- 收敛 ED 的第五浪通常在“翻越”中结束，扩散 ED 可能会在衰竭中结束。
- LD 非常罕见，不要轻易作为首选波浪，而浪 3 延长则更常见，此时延长浪迅速简洁，这与 LD 的浪 5 是不一样的，LD 的浪 5 走势缓慢拖沓。

第 5 浪延长、衰竭的第 5 浪和倾斜三角形都暗示同一件事：激动人心的反转近在眼前。

第 3 节　调整浪

1. 基本模式

如果驱动浪为主趋势的话，那么调整浪就是次级趋势。调整浪是对前期主要运行方向的一种逆向修正和干扰，也是另一方力量的释放过程，同时也是趋势进一步延续的能量积蓄期。

由于主力的洗盘行为，调整浪的特征较为复杂多变，常常不容易识别。调整浪终点也很难识别，需要具有更多的耐心和灵活性。

调整浪的一部分可以是 5 浪，但调整浪本身永远不会是 5 浪（除三角形外），因此与更大趋势相反的最初 5 浪永远不是调整浪的结束，而仅是调整浪的一部分。

调整浪使用字母 A、B、C、D、E、X、W、Y、Z 等标识。

明确的调整模式主要分成四类。如表 3–3 所示。

① 锯齿型：单锯齿型、双锯齿型、三锯齿型。

② 平台型：普通平台型、扩散平台型、顺势平台型。

③ 三角型：上升三角型、下降三角型、对称三角型、扩散三角型。

④ 联合型：双重三浪、三重三浪。

调整浪还可分为两种风格。

● 陡直的调整：包括所有锯齿型调整和以锯齿型开始（作为 W 浪）的联合型调整。

● 横向的调整：包括除上述外其他的调整浪。

《股价结构：趋势与轨道》一书中讲到了常见的调整形态，有了波浪理论，我们可以用该理论作为放大镜，更仔细地发现调整形态内部的微观浪形结构。读者若学会了波浪理论，会加深对股价波动特点的理解，有一种更加通透的感觉。

表 3–3　常见调整浪型态

调整模式	英文	型态名称	子浪结构
锯齿型	zigzag	单锯齿型	3
		双锯齿型	5–3–5
		三锯齿型	5–3–5–3–5–3–5
平台型	flat	普通平台型	3
		扩散平台型	3–3–5
		顺势平台型	3–3–5
三角型	triangle	对称三角型	3–3–3–3–3
		扩散三角型	3–3–3–3–3
		上升三角型	3–3–3–3–3
		下降三角型	3–3–3–3–3
联合型	combination	双重三浪	—
		三重三浪	—

2. 锯齿型

牛市中的单锯齿型调整浪是简单的三浪下跌模式，标示为 A–B–C。通常与较大趋势逆向运动。它是最常见的一种艾略特调整模式。其子浪序列可以细分为 5–3–5 形态，成为复杂调整浪，如图 3–6 所示。

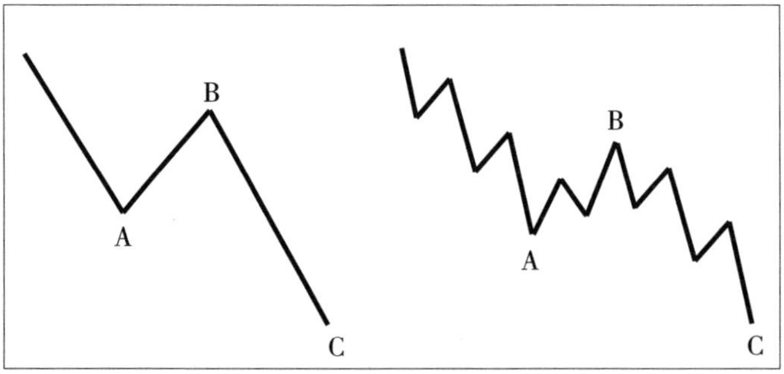

图 3–6　牛市中的锯齿型调整浪

有时锯齿型调整浪会发生多次，特别是在第一个锯齿型调整浪还没有达到正常目标的时候。在这种情况下，每个锯齿型调整浪会被一个介于其间的“三浪”分开，这样就产生了所谓双重锯齿型调整浪或三重锯齿型调整浪，常形成一个运行通道，如图 3–7 所示。这些形态构造类似于推动浪的延长浪，但不常见。

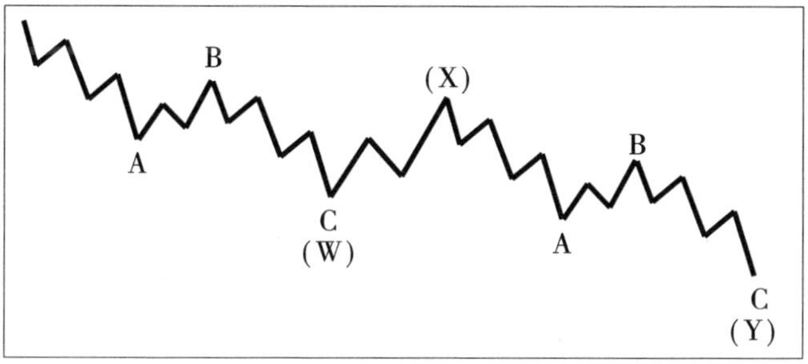

图 3–7　牛市中的多重锯齿型调整浪

锯齿、双锯齿和三锯齿都是锯齿型模式或称为“急剧型”模式一族。三重锯齿很少见。

锯齿型调整浪一般出现在 2、4、A、B、X 以及 ED 或水平三角型的各子浪等位置，浪 2 常见，而浪 4 很少出现。

熊市中，锯齿型调整浪方向相反，将上述图形上下颠倒即可。其他熊市中的调整形态类推，随后也不再画出。

3. 平台型

平台型调整浪是一种比较常见的调整方式，浪 B 通常在浪 A 的顶部附近停止，浪 C 则会在浪 A 的底部附近结束。其子浪序列可以细分为 3–3–5 形态，成为复杂调整浪，如图 3–8 所示。

相比锯齿型调整浪，平台型调整浪对之前推动浪的回撤小。平台型调整浪往往出现在更大的趋势强劲有力的时候，因此它的前面或后面往往会出现延长浪。主要上升趋势越强，平台型调整浪的时间就越短暂。

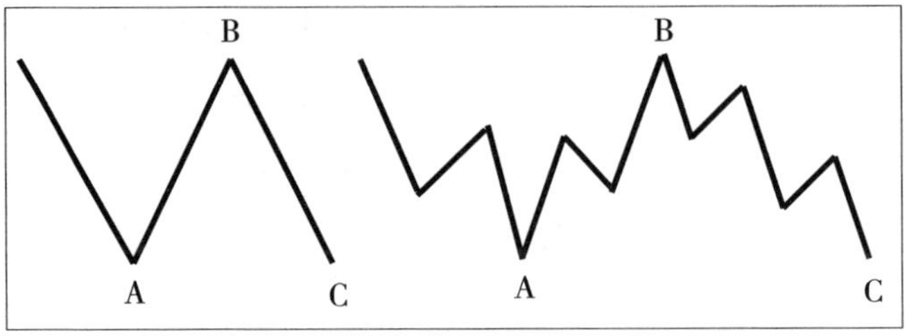

图 3-8　锯齿型调整浪

有时候，平台型调整浪会发生扩散，浪 B 会超出浪 A 的起点，而浪 C 会在远远超过浪 A 终点的位置结束，构造出一个扩散平台型调整浪。这种不规则的变体也时有发生，如图 3-9 所示。

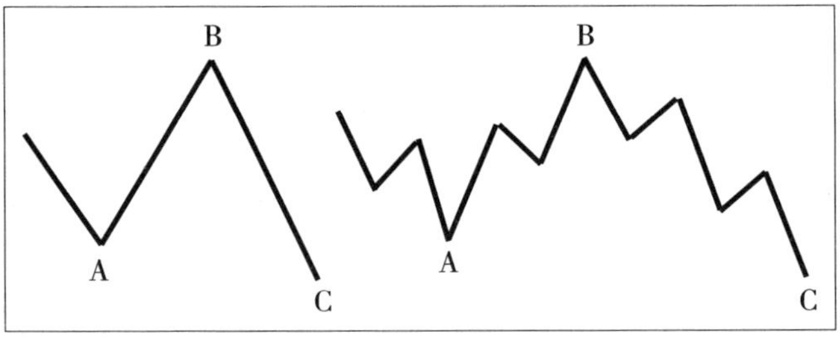

图 3-9　扩散平台型调整浪

还有一种变体，但比较少见。浪 B 会像扩散平台型调整浪中那样，在远远超过浪 A 起点的位置结束，但是浪 C 往往不能走完全程，达不到浪 A 结束的位置，如图 3-10 所示。很显然，这是由于上升趋势过于强劲，买盘力量比较强大，导致回调浪走势发生衰竭引发的。

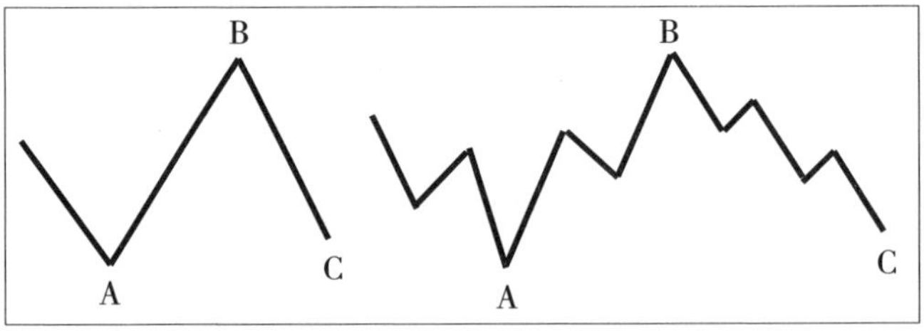

图 3-10　扩散平台型调整浪发生衰竭

平台型调整浪往往出现在 2、4、A、B、X 以及收缩 ED 或收缩水平三角型的各子浪等位置，浪 4 常见，而浪 2 很少出现。

4. 三角型

三角型调整浪反映了市场中多空力量逐渐平衡，导致成交量和股价的波动空间都逐渐减少，股价逐步收敛。三角型模式的子序列可以细分为 3-3-3-3-3 的 5 个子浪形态，成为复杂调整浪，如图 3-11 所示。

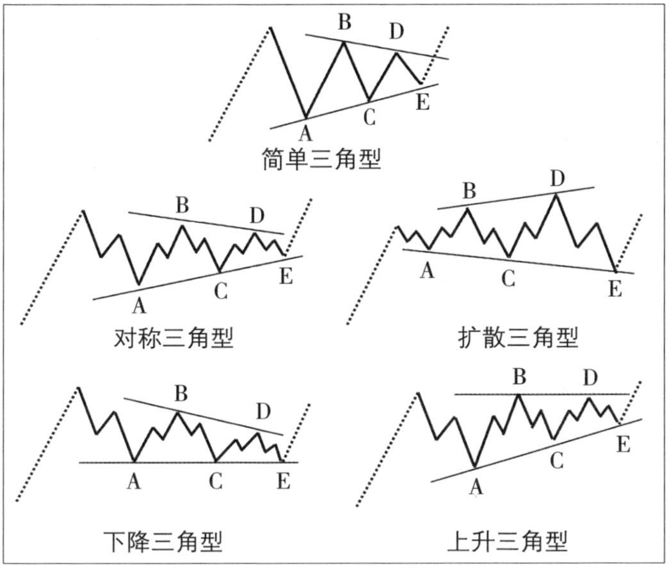

图 3-11 三角型调整浪

前面提到的扩散平台型调整浪和这里的扩散三角型调整浪不同，前者内部是 3-3-5 结构，后者内部是 3-3-3-3-3 结构。扩散三角型很少见。

三角型调整浪常见于浪 4、B、X、Y、Z 等位置。三角型调整浪总是在大一浪级模式中的最后一个作用浪之前的位置出现，即浪 4，A、B、C 浪中的浪 B，或多重锯齿浪中的最后一个浪 X。在股市中，如果三角型调整浪在浪 4 的位置出现，那么浪 5 上涨通常迅速敏捷，而且其上涨空间大致和三角型的最宽部分距离相当。

5. 联合型

联合型较为复杂，在此不再详述，读者可参阅相关资料。

第 4 节　结构交替

1. 简述

交替，是指两件事或一系列事件依次出现或作用。

交替是一种自然现象。例如树叶或树枝通常首先在主干的一侧出现，然后在另一侧出现，这是在交替它们的位置。

在股市中，阴和阳交替，上涨和下跌交替，牛市与熊市交替。一轮牛市运动由 5 个浪组成。浪 1、浪 3 和浪 5 向上，浪 2 和浪 4 向下。因此，奇数与偶数交替。一个牛市由 5 个浪组成，而一个熊市由 3 个浪组成。因此，5 浪和 3 浪交替，同样的规则在所有浪级中有效。

在股价运行中，所有的波浪形态几乎是交替轮流出现的，在时间和幅度上，浪 2 和浪 4 也有互换性。浪 2 和浪 4 是调整浪，这两个浪在模式上总是出现交替现象。如果浪 2 形态是简单的调整浪形态，那么浪 4 就是复杂的，反之亦然。在上升趋势中，较小浪级中简单的调整浪如果是由一个向下的浪组成的，那么随后会是一个复杂的调整浪，其由 3 个向下的浪组成。在较大的浪级中，如完整的牛市和熊市，调整浪相应地较大。

交替意味着在每一个相似的波浪中，会出现不同的模式，这就是我们通常所说的以时间换空间或以空间换时间。正如艾略特所说，“交替事实上是一种市场法则”。

2. 推动浪内部的交替

5 浪上升或下跌构成一个大的推动浪，如果浪 2 陡峭，那么浪 4 很可能非常平缓；若浪 2 平缓，浪 4 则陡峭，如图 3–12 所示。

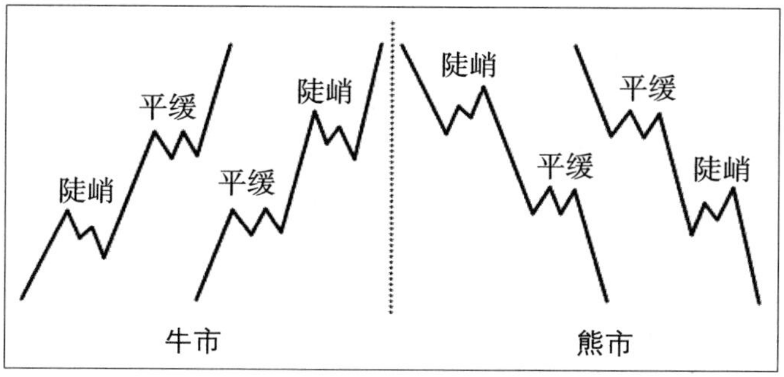

图 3-12　推动浪内部的浪 2、浪 4 交替

陡峭的修正浪不会出现新的价格高点（牛市）或低点（熊市），而且大部分都是锯齿型修正浪（甚至双锯齿或多锯齿），偶尔会出现锯齿型开始的双重三浪。平缓的修正浪则包括平台型修正浪、三角型修正浪、双重三浪和多重三浪，通常会在该修正浪中创出新高（牛市）或新低（熊市）。有时候浪 2 和浪 4 都是平缓型的修正浪，但是浪 4 则是规则三角形，这也算是一种交替。总的来看，推动浪内部的交替是指：牛市中，子浪 2 和子浪 4 的一个会产生价格的新高（相对于浪 1 或浪 3 终点），另一个则不会产生新高；熊市中，子浪 2 和子浪 4 的一个会产生价格的新低（相对于浪 1 或浪 3 终点），另一个则不会产生新低。

楔形内部的子浪 2 和子浪 4 不会呈现交替，通常这两个都是锯齿型修正浪。延伸浪常常呈现交替，比如子浪 1 比较短，子浪 3 很长，子浪 5 又比较短。延伸浪大部分出现在浪 3，有时候出现在浪 1 或浪 5，这也体现了交替思想。

3. 调整浪内部的交替

如果调整子浪 A 是平台型的，那么调整子浪 B 很可能是锯齿型的；若调整子浪 A 是锯齿型的，则调整子浪 B 可能是平台型的。如图 3-13、图 3-14 所示。

图 3-15 所示的交替也常常发生：如果浪 A 是很简单的锯齿型，浪 B 则是走势复杂的锯齿型，有时候浪 C 甚至会更加复杂。

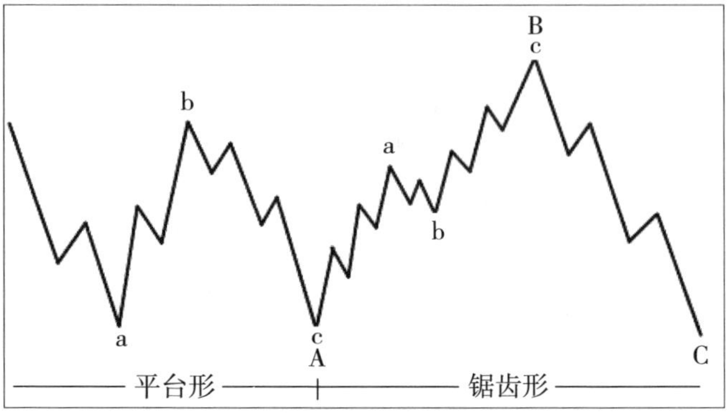

图 3-13　调整浪内部平台型和锯齿型交替（1）

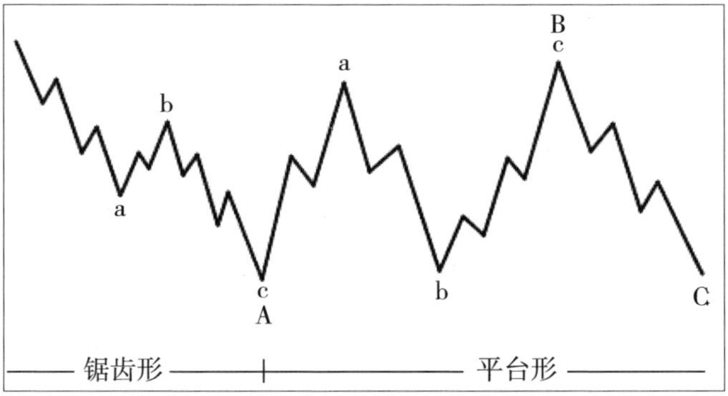

图 3-14　调整浪内部平台型和锯齿型交替（2）

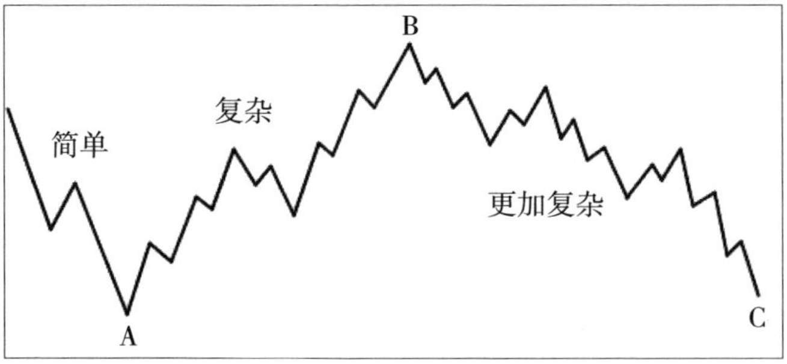

图 3-15　调整浪内部的简单复杂交替

第4章　波浪结构的尺度与跨度

在混沌中隐秘存在秩序。

第 1 节　涨跌尺度

1. 定义

尺度，在波浪理论中主要反映为浪与浪之间的比例关系或比率。

波浪理论认为，各浪之间存在一定的比例关系。这种关系以斐波那契数列为基础，沿着螺旋线的增长或收缩模式运行。当价位时间到达螺旋线时，便遇到支撑或阻力，由此可以推测波浪的目标和回吐比例。将螺旋线套用在波浪理论的推动 5 浪去看，当我们知道第 1 浪的长度时，这个上升 5 浪的理论终点便可以计算得到。

一般来说，第 1 浪的长度 R 乘以比率倍数，然后加在第 1 浪顶之上，计算出来的目标便是第 5 浪的浪顶。如果仅仅以 1.618 这个数字作为比率关系，存在如图 4–1 所示 5 浪的尺度关系 [1]。

若上面的 5 个浪仅仅是高一级波浪的子浪 1 时，螺旋形再转一圈，便可以得到这一个高一级浪的浪 5 浪顶。比如，新的子浪 1 高度为（1+1.618）$\times R$，乘以 1.618，再加在浪 1 顶部，即：

$$(1+1.618)\times R\times 1.618+(1+1.618)\times R=1.618^4\times R$$

$$=6.853\times R$$

这里预测的是推动浪，并且是 5 个浪的形态上升模式。第 1 子浪通常十分简短，若处于强劲的升浪中，浪 1 与浪 2 难以划分，这种方法不适用于计算 5 浪的浪顶。

1　参考：何造中著《江恩数字与几何学》，P137，机械工业出版社，2007。

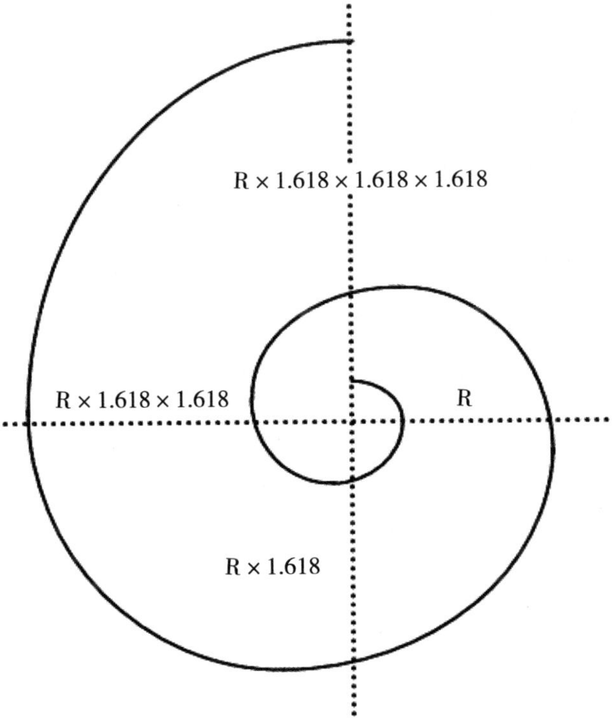

图 4–1　以 1.618 比率确定 5 浪尺寸关系

小知识

黄金分割经常用到的数字

0.191　0.236　0.382　0.618　0.764　0.809

1.191　1.236　1.382　1.618　1.764　1.809

2.618　3.237　4.236　5.849　6.853　8.162

一般来说，除非在非常长的时间周期内，数字间的差异很小。平常 0.236、0.382、0.5、0.618、0.764 等五个比率应用较多，其中最值得关注的是中间三个。

在浪与浪之间的比率上，使用频率最高的是 0.382、0.5、0.618。

0.382 是在浪 4 中经常出现的调整比率。在牛市背景下，浪 2 的调整也会出现这一比率。如果浪 A、浪 B、浪 C 以锯齿型出现，则浪 B 经常反弹到浪 A 的 0.382 位置。

0.618 是出现在浪 2 中的调整幅度，或者浪 B 的调整比率。浪 5 如果没有出现延长，会以浪 1 的 0.618 出现。它也常常是三角型调整浪内浪与浪之间的比率。

0.5 是浪 B 的调整幅度（A、B、C 以锯齿型出现）。

0.236 是在牛市背景下浪 2 和浪 4 调整中出现的回调比率。

1.236 及 0.382，如果发生不规则的调整形态，可以利用浪 B 和浪 A 的关系预测浪 B 的目标位。

1.618 是浪 3 与浪 1 之间的关系，也是浪 C 与浪 A 常用的比率。

在实战中，调整幅度常用于协助寻找下跌中的支撑位和反弹中的压力位。

理想状态下，波浪之间的比例关系如下。

浪 2=0.618× 浪 1

浪 3=2.618× 浪 1

浪 4=0.382× 浪 3

浪 5=1.618× 浪 1

浪 5=0.618×（浪 1+ 浪 3－浪 2）

在浪 2 中：A=B=C

在浪 4 中：A=C，B=0.236×A

2. 尺度计算

这里以正常的 5 个推动子浪结构和 A、B、C 调整浪为例，详细讲解股价运行波动结构的计算方法，其各个对应高度参考图 4–2 的标注方法。

☑ 浪 1 涨幅

常见的形态有正常推动浪 5 个子浪结构，扩散三角型（3–3–3–3–3）或引导倾斜三角形（5–3–5–3–5）也会出现，但后者更少见。浪 1 容易被看作

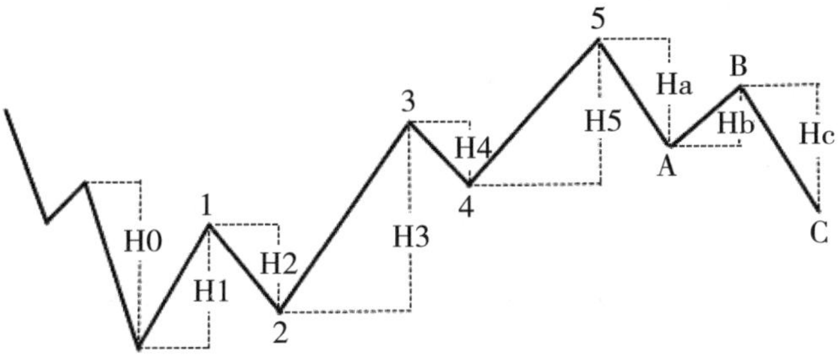

图 4–2　波浪高度参考基准

反弹，其幅度一般常为之前一波下跌浪的 0.382 或 0.236。如果浪 1 发生延长（比较少见），其幅度可能会到达前一波下跌浪的 0.618。计算关系如下。

$H_1=0.382\times H_0$

$H_1=0.236\times H_0$（弱势）

$H_1=0.618\times H_0$（浪 1 发生延长，少见）

提　示

（1）如果浪 1 出现延长（比较少见），则以清晰的 5 浪结构出现。

（2）如果浪 1 出现扩散三角型或引导倾斜三角形（比较罕见），那么后面会有一个很凶悍的浪 2 回调，之后的浪 3 走势将异常凌厉和凶猛。

（3）如果浪 1 出现在前一个上升过程结束后的大调整浪之后，它的上升幅度相当可观；如果浪 1 属于前一个循环的调整浪的反弹，则它的上升幅度将是 5 个子浪当中最短的一个。

☑ 浪 2 跌幅

常见的形态可以是除了三角型外的任何一种调整形态。根据波浪理论的规则，浪 2 的低点不能低于浪 1 的起点，其调整幅度通常是浪 1 升幅的 0.618 倍（其他还有 0.382、0.5 倍）。通常存在如下关系。

$H_2=0.618\times H_1$（弱势）

$H_2=0.5\times H_1$（正常）

$H_2=0.382\times H_1$（强势）

更详细地按调整形态细分3种情况。

平台型（3–3–5），浪1的0.236或0.382最为常见。

锯齿型（5–3–5），浪1的0.5或0.618最为多见。

联合型（7或11），浪1的0.764、0.786、0.854或0.909的机会较大。

通常出现的形态以锯齿型（5–3–5）结构居多。

提　示

（1）浪2的任何部分永远不能低于浪1的起点。

（2）浪2回撤的幅度最倾向于浪1的0.618或0.5倍。

（3）浪2通常回撤少于浪1的0.8倍。

☑ 浪3涨幅

浪3往往以清晰的5浪结构出现。根据波浪理论的规则，浪3永远不可以是最短的一个推动浪，也就是说，浪3必须长于浪1或者浪5。实际情况下，浪3往往是最具爆发力的一浪。浪3可以与浪1长度相同，在这种情况下，浪5便可能成为延伸浪。浪3往往是浪1的1.618倍或2.618倍（其他还有1.382、1.5倍），同时伴随成交量的放大。

通常存在如下关系。

$H_3=1.618\times H_1$

$H_3=2.618\times H_1$（浪3延长）

$H_3=4.236\times H_1$（升势强劲的浪3延长）

$H_3=H_1$（浪5延长）

提　示

（1）在推动浪1、3、5浪中，浪3永远不能是最短的一波。

（2）浪3的涨跌幅度通常在浪1的1.5～3.5倍之间。

（3）浪3的运行时间通常在浪1的1～4倍之间。

（4）在涨跌幅度上，浪 3 不能短于浪 1 的 1/3。

☑ 浪 4 跌幅

浪 4 变幻莫测，是最复杂的一波，可以是任何一种调整浪。根据波浪理论的规则，浪 4 的底部不能低于浪 1 的顶部，其调整幅度通常是浪 3 升幅的 0.382 倍（其他还有 0.5、0.618 倍）。

通常存在如下关系。

$H_4=0.382\times H_3$

更详细来说，可能出现的形态如下。

水平三角型（3–3–3–3–3），是浪 3 的 0.236 或 0.333 倍。

平台型（3–3–5），是浪 3 的 0.382 倍，比较常见。

锯齿型（5–3–5），是浪 3 的 0.382 或 0.5 倍。

联合型（7 或 11），是浪 3 的 0.5 或 0.618 倍。

通常出现的形态以水平三角型居多，其次是平台型。

提　示

（1）浪 4 的最低点永远不能低于浪 1 的最高点，但三角形除外。

（2）浪 4 可以是锯齿型结构，但极为罕见。

（3）浪 4 不经常回撤到浪 3 的 0.5 或者以上。

（4）浪 4 即使出现联合型调整，一般情况下也不会超过浪 3 的 0.618 倍。

（5）浪 4 和浪 2 经常在平台型和锯齿型之间交替，而另一种交替是水平三角型和平台型。

（6）因为水平三角型有四种形态，所以说浪 4 运行极其复杂。而且水平三角型总是出现在最后一浪之前。

☑ 浪 5 涨幅

在浪 5 的上升过程中，相对动能发生衰减，各种指标构成背离现象，其上升幅度常远远逊于浪 3，成交量亦然。少数情况下未能超过浪 3 终点，即以失败形态告终。当浪 3 发生延伸时，浪 5 的涨幅通常约等于浪 1。由于浪 5 的力度有减弱的倾向，有时会形成斜线三角型形态，或俗称上升楔形的衰竭性走势。

通常存在如下关系。

$H_5=1.618\times H_1$（或 H_3）

$H_5=H_1$（浪 3 延长）

$H_5=0.618\times H_1$（或 H_3，浪 5 失败）

$H_5=1.618\times(H_1+H_3)$（浪 5 延长）

更详细地说，浪 5 可能出现的形态如下。

正常推动浪 5 个子浪结构（包括延伸浪 5 和失败浪 5），是浪 3 的 0.618 或 1.618 倍。

扩散三角型（3–3–3–3–3），是浪 3 或浪 1 的 0.618 或 1 倍。

终结倾斜三角形（3–3–3–3–3），是浪 3 或浪 1 的 0.618 或 1 倍。

提　示

（1）如果浪 5 出现扩散三角型或终结倾斜三角型，那么就必须提高警惕了，因为后面紧跟着的将是一个凶悍的直线下跌。

（2）失败浪 5 一般情况下很少出现，除非基本面、政策面等突然发生重大变化，或者浪 3 涨幅太大（多头能量完全消耗殆尽）。

（3）浪 5 有时会出现延伸。

☑ 浪 A 跌幅

下跌浪通常出现的形态为五浪结构或三浪结构。

通常存在如下关系。

$Ha=0.618\times H_5$（或 0.5 倍）

可能出现的形态如下。

5 个子浪结构。

3 个子浪结构（a–b–c 本身构成锯齿型或平台型）。

引导倾斜三角形（5–3–5–3–5），但必须是锯齿型 A 浪。

提　示

（1）如果浪 A 以 5 浪形态出现，那么可能有两种走势：一是以简单的锯齿型调整，紧接着就是一个浪 B 反弹（而且浪 B 反弹高度不会超过浪 A 的 75%），然后就是可怕的浪 C 大调整，调整幅度较大；二是以引导倾斜三角形调整（锯齿型浪 A）。

（2）如果浪 A 以三浪形态出现，那么可以断定它将是平台型或三角型调整，调整幅度一般较小。

☑ 浪 B 涨幅

反弹浪通常出现的形态以水平三角型居多。浪 B 通常是浪 A 的 0.382、0.5 、0.618 倍。

通常存在如下关系。

$H_b=0.382\times H_a$（或 0.5、0.618 倍）

可能出现的形态如下。

水平三角型（3–3–3–3–3）。

3 个子浪结构（a–b–c 本身构成锯齿型或平台型）。

联合型（7 或者 11）。

提　示

（1）浪 B 除水平三角型外，不论是锯齿型或平台型调整，浪 B 永远以三个子浪形态出现，浪 B 不可能再划分成低一级的五个子浪。

（2）浪 A 与浪 B 在浪型结构上通常出现交替现象。比如浪 A 是平台型调整，那么浪 B 将以锯齿型态出现；反之，如果浪 A 以锯齿型态运行，则浪 B 多数以平台型调整出现。

（3）通常情况下浪 A 相对简单，而浪 B 相对复杂。

（4）因为水平三角型有四种形态，所以说浪 B 运行仍很复杂，而且水平三角型总是出现在最后一浪之前。

☑ 浪 C 跌幅

凶狠的下跌浪，经常出现的形态以正常五浪结构居多。

通常存在如下关系。

Hc=1 × Ha（或 1.618 、2.618 倍）

可能出现的形态如下。

正常 5 个子浪结构。

平台型（3–3–5 结构）。

终结倾斜三角形（3–3–3–3–3）。

联合型（7 或 11）。

提　示

（1）浪 C 通常会出现一个五浪结构。

（2）浪 C 通常会出现急速杀跌和上涨的大行情。

（3）平台型调整中的浪 C 容易出现终结楔形，此时的浪 C 容易完成浪 A 的等长至 1.382 倍。

（4）只有浪 A 和浪 B 都非常简单时，浪 C 才会出现时间相对长的走势，大多时候浪 C 的时间较短。

以上计算方法虽然比较复杂，但是对于计算机来说，特别是一些波浪分析软件，自带尺度计算等画线工具，只要掌握了相关的画线技巧，对于目标位的计算就会非常方便。相关画线方法在第 5 章介绍，波浪相关软件在第 7 章介绍。

如果上述比率尺度计算方法能够成功地演化为基本原则，那么用艾略特波浪理论进行预测就会变得更加科学。然而，它将永远保持为一种概率方法，而非市场必然的走势。每一种理论都有它的不足和缺陷，波浪理论也是如此。

主宰生命和生长的自然法则尽管永恒不变，但大自然仍然存在多样化的结果，每个物种，每类事物，都有其极端和变异的情况发生，金融市场也不例外。上述计算方法是一种可能结果，而不是必然结果，投资者在实战应用中必须清醒意识到这一点。

3. 面积关系

一般来说，可以根据波浪的面积来验证浪 3 和浪 5 的高度，其公式如下（可参见图 4–3）。

浪 1 的面积 + 浪 2 的面积 = 浪 3 的面积

浪 3 的面积 − 浪 4 的面积 = 浪 5 的面积

浪 A 的面积 = 浪 C 的面积，或浪 A 的面积 + 浪 B 的面积 = 浪 C 的面积

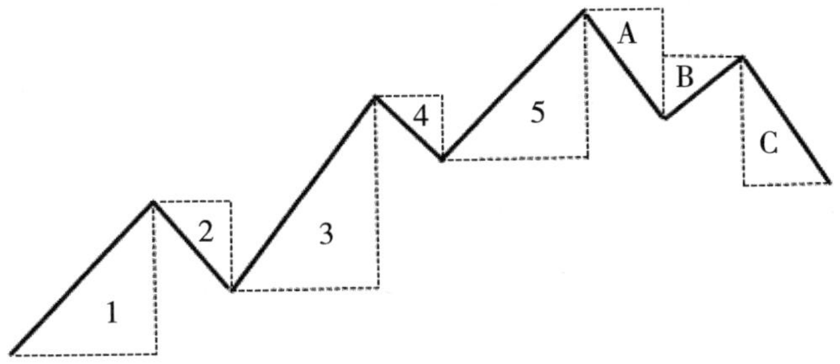

图 4–3　波浪与面积的关系示意图

当然，这只是一般的波浪情形，更复杂的延长、变异等，可能会有多种多样的走势，不能千篇一律地认为一定会符合以上关系，陷入教条主义。

理论模型和实际走势有很大的差别，理论中的很多细节原著中并没有完全交待清楚，这也是制约波浪理论在国内普及和应用的主要原因，也令许多投资者望而生畏。

浪形是波浪理论的核心，形态决定走势、比率和时间。浪形可以简单也可以复杂，可以压缩也可以延长，投资者要反复琢磨和推敲，认真梳理和归纳，以便于波浪研判。

第 2 节 时间跨度

1. 定义

波浪理论的作者艾略特告诉我们，不管市场上股票的价格如何变动，趋势的所有浪级总在市场里面运作。所以，万变不离其宗，市场永远都是遵循着斐波那契比率，所有关系都是通过市场的浪级趋势来确定的。股价结构的波动，往往遵循着一定的轨迹运行，而且极为巧妙。价格在图表上的上涨或回调，总离不开上述数字的比率，这也和大自然生物运动发展的数学形式有着千丝万缕的联系。

事实上，斐波那契数列在金融市场代表的是价位波动的段落，也是时间周期的段落。每个段落的完结，亦是新一段落的开始，代表金融市场生生不息的力量。斐波那契的时间序列对整个波浪理论分析有至关重要的作用，没有时间的因素，我们预测不了市场。

艾略特曾说，时间因素常常“与模式相适应”，就是指其形态特征与时间跨度有着密不可分的关系。上涨、下跌趋势持续时间、震荡时间的长短，与这个比率有着一定的关系。

2. 时间计算

时间跨度即时间周期的计算方法，可以用下面两种方式来预测。

（1）斐波那契数字时间周期。

浪的运行时间，在日（周、月、年）线图上，从重要的转折点出发，向后数算到第 5、第 8、第 13、第 21、第 34、第 55 或第 89 个交易日，预期未来的顶或底就出现在这些“斐波那契日”上，投资者可依此发现未来市场转折点的时间之窗。

著名的为期达 54 年的康德拉蒂耶夫周期是长经济周期，对于大多数商品市场都有很强的影响，而 54 明显地接近斐波那契数字 55。

具体到实际应用中，以通达信软件为例，点击“工具”—“画线工具”，找到“斐波那契线”，然后在主图上点击重要高低点对应的 K 线，后续相关数字序列将通过竖线的形式直观显示出来。如图 4–4 所示，上证指数周线图，其 A–B–C 下跌三浪中，浪 C 细分小 5 浪。整个下跌过程中，重要的时间点基本上都发生了反转（如随后第 5、8、13、34、55 周），为波浪的辅助分析提供了重要参考依据。

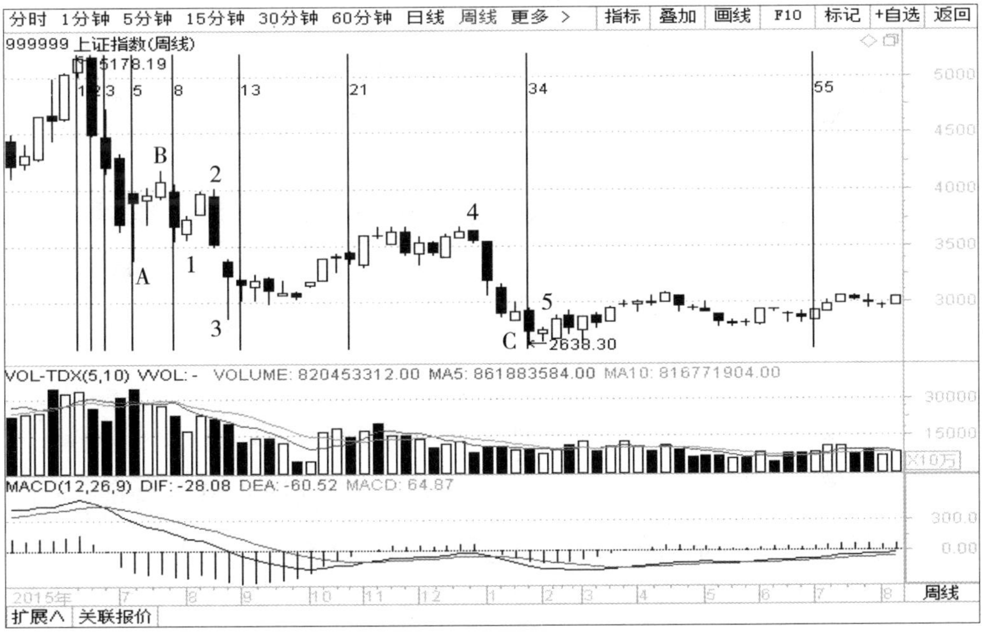

图 4–4　斐波那契数字时间周期示例

（2）黄金分割比例时间周期。

波浪理论的基本观念实质上就是市场会沿着螺旋形的增长模式运行，当时间价位到达螺旋线时，便遇到支撑或阻力。具体来讲，时间与价位的关系都是以 0.618 或 1.618 为比率关系来进行扩张或收缩的。

以通达信软件为例，点击“工具”—“画线工具”，找到“黄金周期线”，然后在主图上分别点击重要波段对应的峰顶或谷底对应的 K 线，后续相关黄金分割比率将通过竖线的形式直观显现出来。如图 4–5 所示，上证指数周线图，图中绝大部分黄金分割比例线位置都发生了反转，效果令人惊奇。

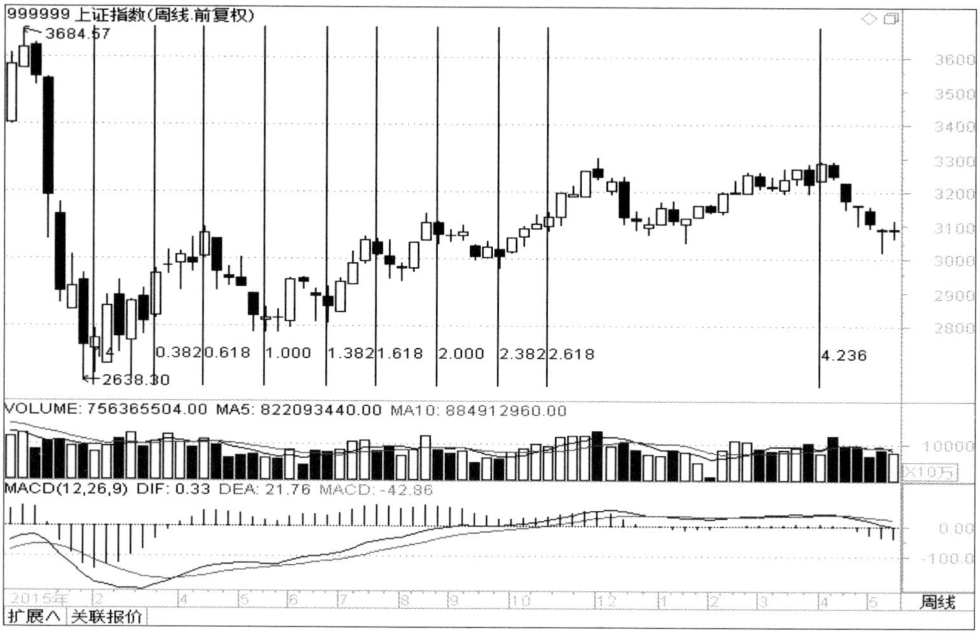

图 4–5　黄金分割比例时间周期示例

在斐波那契数字的运用上，理想的情形是波浪形态、比率分析、时间目标三个方面互相验证。比如说，波浪分析表明第 5 浪已经完成，并且浪 5 已经走满了从浪 1 底到浪 3 顶距离的 1.618 倍。同时，从本趋势起点（前一个低谷）至今，正好为 13 周，从前一高峰到现在正好为 34 周，那么就可确定市场重要的顶部即将出现。

值得注意的是，随着时间的推移，市场受随机因素的干扰越来越大，自然法则在其中起到的作用将会越来越小，其周期的有效性将越来越弱，直到一个新的重要市场转折点出现，新的时间循环将重新发生。关于时间周期，后续丛书将会专门论述。

斐波那契数字或黄金分割比率是决定波段开始和结束的关键。也许很多人对于这个比率很是惊讶，但是这个比率的重要性是有依据的，我们对它的研究都是基于一种形态，比率是我们对各种运动模式的一种质疑的证据。

但这并不是说可以用波浪理论的模式、形态和比例关系，来准确推演预测价格的后期走势。市场是非线性的、随机的，企图用一种万能公式去匹配走势是非常危险的，很可能会带来灾难性的后果。

第5章　综合案例解析

神居其内，形显于外，观其形可知其神。

第1节　股票

1. 案例一

图 5–1 展示的是上证指数较大周期（2013 年 5 月至 2016 年 8 月）的周线图。

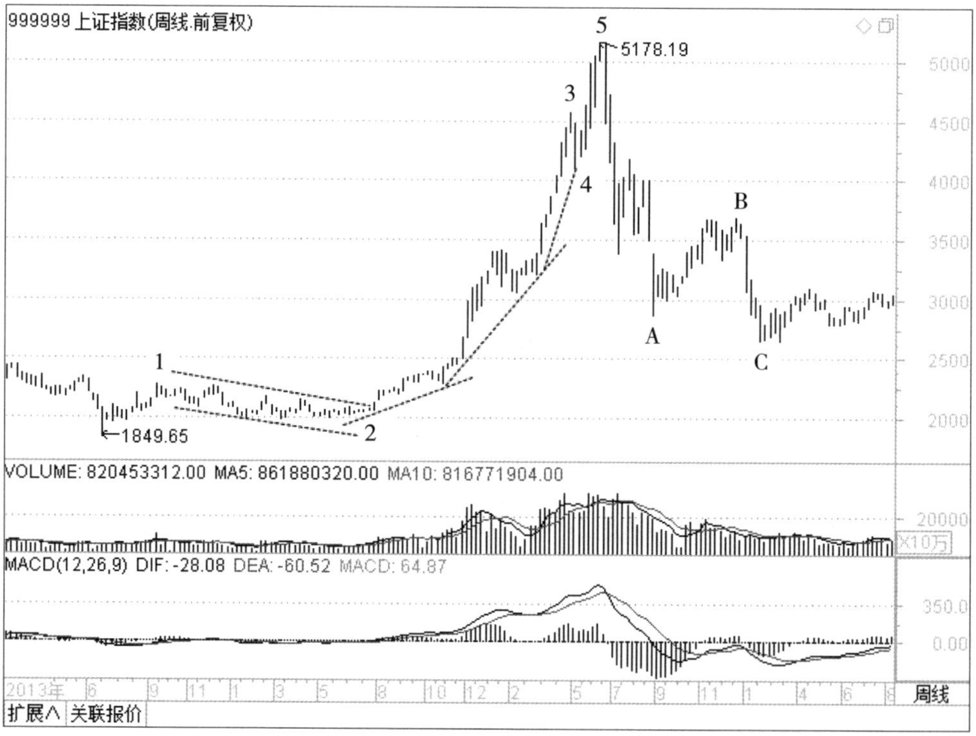

图 5–1　上证指数 2013 年 5 月至 2016 年 8 月的周线行情走势图

自2013年6月指数破位，出现1849点波段低点，即当时所谓的"建国底"，随后指数逐步攀升，形成第1浪。第2浪走出锯齿型调整，耗时将近1年左右，指数一直在一个狭窄的通道内波动。指数每次碰到2000点，就会出现反弹，形成一个政策性底部。

2013年9月7日上午，习主席在哈萨克斯坦纳扎尔巴耶夫大学作演讲，提出共同建设"丝绸之路经济带"的倡议。同年10月，习主席出访东盟国家时又提出共同建设"21世纪海上丝绸之路"的构想。这"一带一路"的重大倡议，得到国际社会的高度关注。

随着构建"一带一路"的历史重大机遇来临，股市也走出了轰轰烈烈的主升浪行情，即第3浪。当时的重头戏就是海外工程，相关基建、铁路、核电等板块异常火热。该主升浪内部又细分推动五浪，三次变轨也清晰可见。由于浪2较为复杂，周期也较长，相对来说，浪4的调整就非常简单，充分体现了波浪理论的交替原则。随后的浪5与浪3的顶形成价升量平的走势，也就意味着上升趋势衰竭，转势不可避免。之后A、B、C调整浪异常凶猛，吞噬了前期大部分涨幅。

对于价位的测算，通达信软件提供了三种画线方法，可以辅助进行分析。

小知识

点击通达信软件的菜单，选择"工具"—"画线工具"，里面有"黄金价位线""黄金目标线"和"黄金分割"，软件里分别标示为GP、GA和G，下面分别对其进行讲解。见表5-1。

表 5-1　通达信软件黄金比例画线比较

分　类	取值方法	画　法	主要用途
黄金价位线（GP）	波段高点或低点，单一值	点击对应最高价或最低价	通过波段低点或高点找上涨压力位或下跌支撑位。各浪通用

续 表

分 类	取值方法	画 法	主要用途
黄金目标线（GA）	一段趋势行情的波段高点、波段低点，之后回调对应的点，共三个值	对于上涨趋势来说，点击趋势开始的最低点，不要松开鼠标，找到趋势的终点，松开左键，之后有回调，找到回调的波段低点，再点击一次鼠标即可。下跌类同	找一段趋势，之后发生回调或反弹，然后沿原趋势的目标位运行。好比一波三折，N 字形，用于寻找趋势再次发生的目标位。主要用在浪 3、浪 5、浪 C 上
黄金分割（G）	波段高点和低点值，两个值	找到之前波段高点、低点，分别点击一次	通过前期波段区间找后期震荡的目标位。主要用在浪 2、浪 4 及浪 B 上

注：算法可参考《股价结构：压力与支撑》第 3 章第 3 节内容，为省事，可直接下载该书附录二、附录四自动画黄金分割线指标，智能交易网（www.ea900.com）首页有下载链接。

上证指数黄金价位线（GP）画线的实际效果如图 5-2 所示。

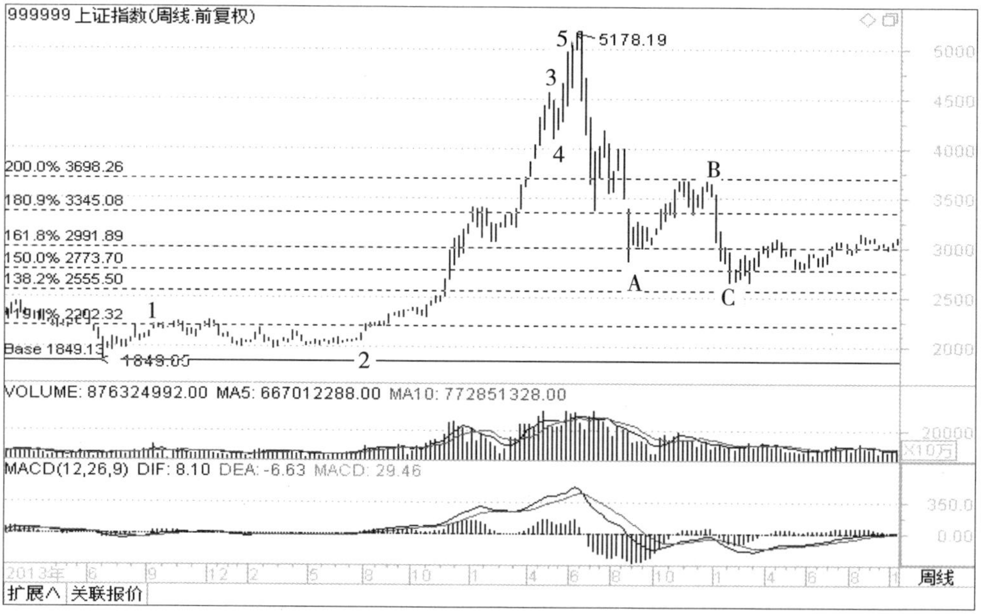

图 5–2　上证指数黄金价位线（GP）画线

黄金价位线向上的分割线最高只到 200%，对于更高级别的浪形无法推测。不过可以通过再次画线来弥补其不足，就是在 200% 的位置重新画基准线，如图 5–3 所示。

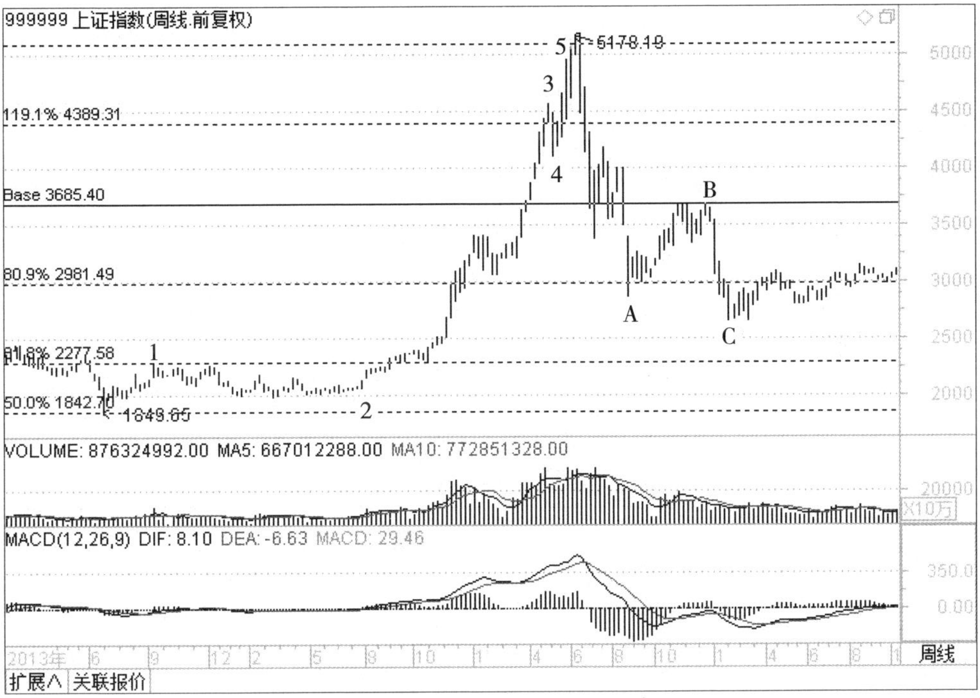

图 5–3　上证指数黄金价位线（GP）拓展画线

黄金目标线可以利用浪 1、浪 3、浪 A 的幅度来推算后面浪的幅度，图 5–4 为利用上证指数浪 3 预测浪 5 的涨幅空间。

图 5–5 是利用浪 A 推算浪 C 的下跌空间。

附录 4 也提供了一种自动画线方法，利用波浪尺直观显示黄金线，最高可到 300%（后续可以自己手动改造指标公式），自动匹配上涨和下跌，效果如图 5–6 所示。

将前两浪局部放大，利用黄金分割线（G）来找浪 2 的回调目标区间，如图 5–7 所示。

图 5–4 上证指数黄金目标线（GA）利用浪 3 推算浪 5 上涨空间

图 5–5 上证指数黄金目标线（GA）利用浪 A 推算浪 C 下跌空间

图 5-6　附录 4 中波浪尺指标公式画线

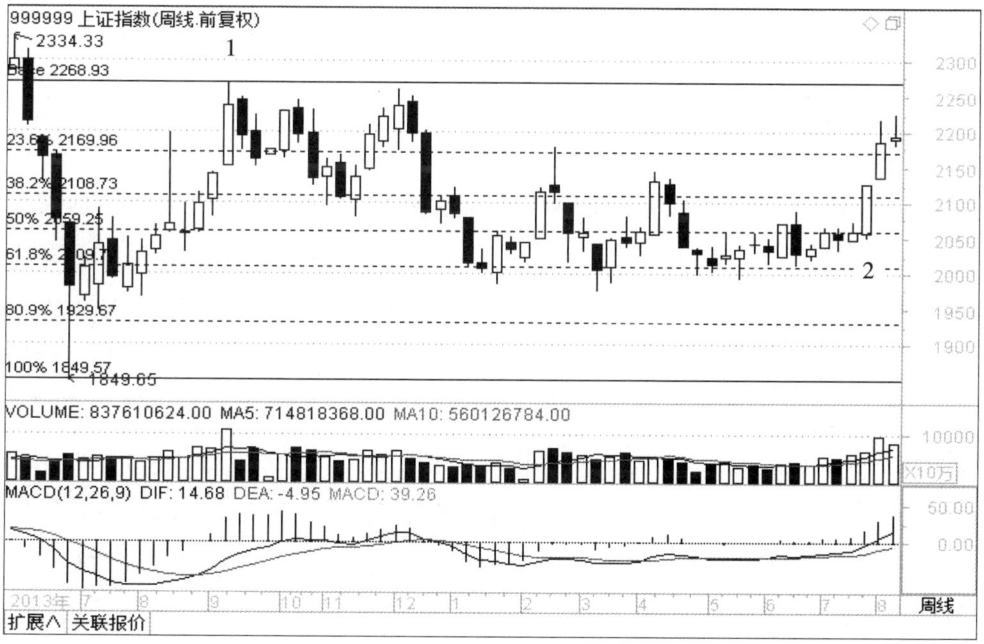

图 5-7　上证指数黄金分割线（G）利用浪 1 推算浪 2 回调空间

可以看到，后续的局部反转或最终反转，基本都落在了黄金线上。具体点位，不再详细阐述，读者对照剖析，就会发现黄金点位的神奇之处。

上面几种画线方法能够方便地辅助我们寻找后续的上涨或下跌空间，大大简化了计算的步骤，也节约了大量时间。普通的行情软件用透用精，也能达到简便的效果。

小知识

通达信也提供了“五浪线”“三浪线”“八浪线”等画线工具，用来辅助判断和推算后续的涨跌空间。画法也很简单，只要将K线图的一段趋势对应到相应画线工具的首条线即可，后续空间将通过工具内置的浪线进行匹配预测。

只不过股价的走势千变万化，上述画线只是标准走势的空间预测，匹配结果往往存在不一致的情况，所以掌握前述手动画黄金线的方法尤为重要。投资者要反复练习，直到熟练应用，得心应手，才会熟能生巧。

2. 案例二

一般来说，波浪理论主要适用于大盘指数的分析，但是很多个股的走势也脱离不了大环境，相当一部分股票走势也符合波浪理论的框架模型。下面列举一个个股下跌模式的例子——汇金通（603577）2017 年 2—6 月的走势图。

图 5-8 中下跌的推动五浪走势清晰可辨，浪 2 与浪 4 简单、复杂交替，后者是一个下降三角型调整浪。利用浪 1 进行黄金目标位推算，浪 3、浪 5 和浪 A 的黄金目标位推算与实际走势基本吻合。图 5-9 是利用浪 3 进行推算的效果图，后续浪 4、浪 5、浪 A 和浪 B 均精准反转，波浪理论的神奇作用可见一斑。

图 5-8　汇金通（603577）2017 年 2—6 月的行情走势图（1）

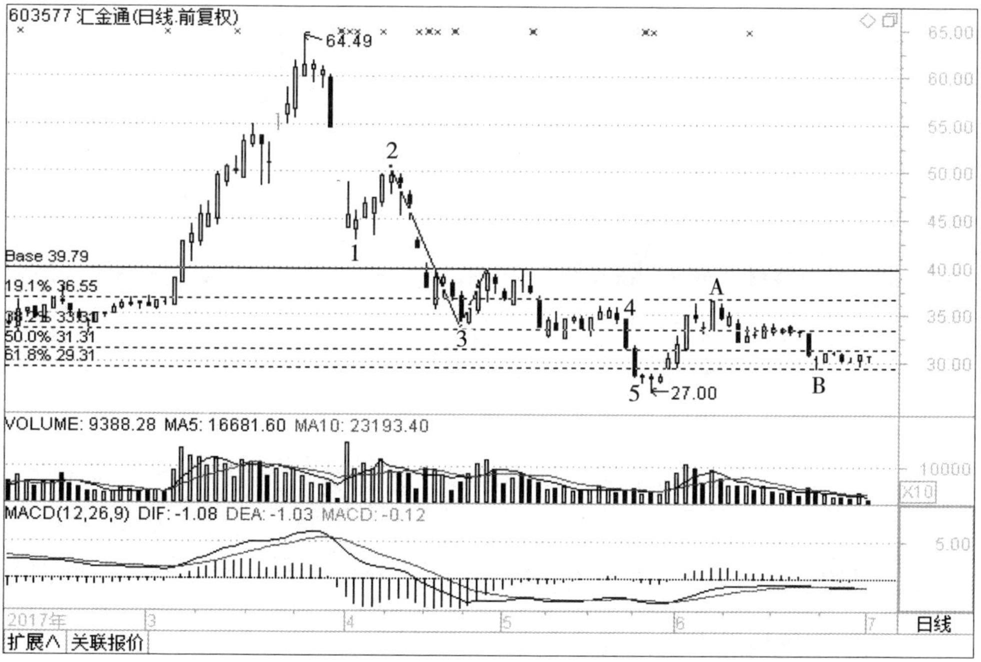

图 5-9　汇金通（603577）2017 年 2—6 月的行情走势图（2）

以上都是对价位的推算，时间的测算大体上类似。这里以通达信的黄金周期线为例，利用黄金时间比率算法，以波浪的浪 1 起点到浪 3 终点时间跨度为基准线，使中间的 0.382、0.618 分割线尽量分别对应前期浪的终点，如图 5–10 所示。

图中浪 1、浪 2 的误差都在 1 天左右，比较准确，可以用来推算后期走势。后续浪 4、浪 B 精准落在了黄金线上。其中浪 5 起始两根大阴线下跌无量，表明行情出现衰竭。回踩到 27.00 元整数关口后，收出了一根带下影线的锤子线，下方成交量极度萎缩，MACD 指标也发生了背离。随后趋势反转，提前终结了下跌的趋势。

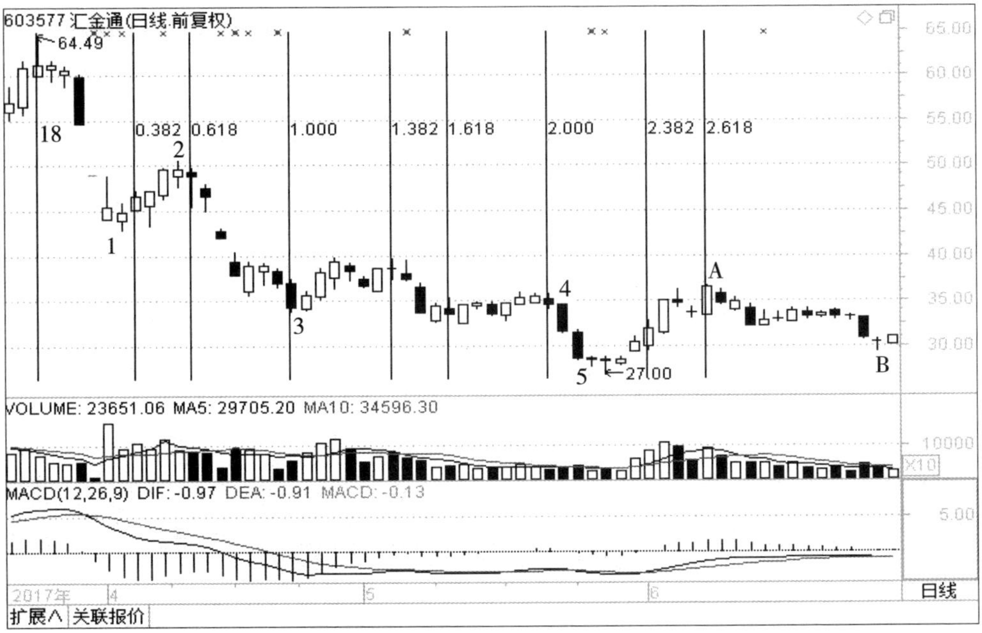

图 5–10　汇金通（603577）2017 年 2—6 月的行情走势图（3）

小知识

通达信连续快速准确画线

点击通达信软件的菜单，选择“工具”—“画线工具”，然后按以下步骤操作。

（1）点一下“画线工具”的“保持画笔”。

（2）按住键盘“Ctrl”不放，点击要画的线型符号。

（3）在接近四个价位的地方画直线，可以实现连续快速画线，且会自动精准画到 4 个价位，不用再编辑画线。

（4）画完了，再点一下“保持画笔”，解除保持。

第 2 节 期货

1. 案例一

期货的走势更为极端，往往发生复杂的延长浪和扩展形态。这里以菜油 1709（郑油）2016 年 1—6 月的一段行情为例来说明，如图 5-11 所示。

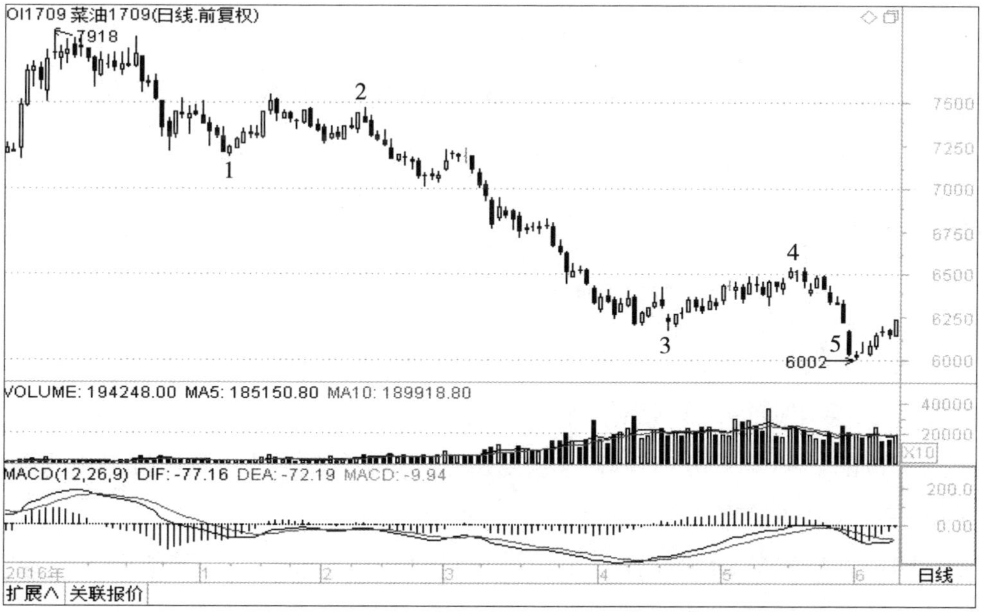

图 5-11 菜油 1709 品种 2016 年 1—6 月的日线行情走势图（1）

在下跌的主跌浪中，可以明显看到五浪下跌的推动浪。其中浪 3 下跌尤为迅猛，跌幅达 20%。此时如果一味地死扛，加上期货的 10 倍杠杆，风险十分巨大，不止损的后果将是非常严重的。

更极端地分析，如果将 7918 ～ 6250 点这一段下跌看做浪 A，该浪走势可细分为 5–3–5 的下跌主推浪，如图 5–12 所示。等浪 B（细分三浪）走完，后面的下跌将极其惨烈，因为后面还会有一个 5–3–5 的下跌浪在等着（详见第 3 章锯齿型调整浪），这样才能构成一个完整的复合锯齿形态。

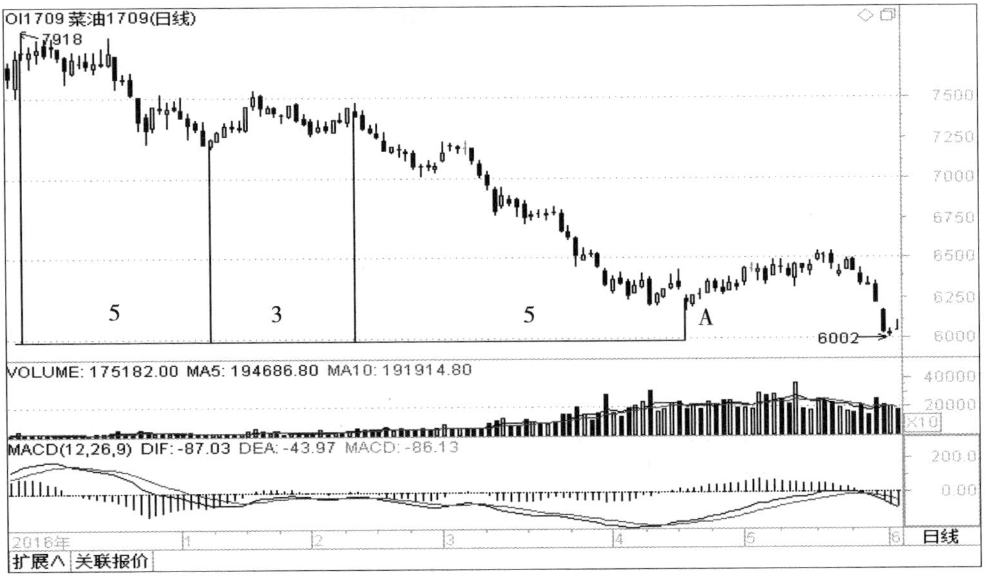

图 5–12　菜油 1709 品种 2016 年 1—6 月的日线行情走势图（2）

在一个报告会上，一名老太太曾经提问豆粕品种后续行情如何。她已经做了 10 多年期货，乍听给人感觉蛮厉害的。结果仔细一问，原来她 2000 多点价位的豆粕空单抗到 3000 多点，期间不断补仓。只能说这位老太太期货第一堂课都还没有入门，其水平可想而知。

期货内外盘联动，往往一个极端事件会导致行情发生突变闪跳，走势惊涛骇浪。连续停板的行情也不是没有过，停板后资金出不来，几天之内资金或盈利就会全部化为乌有。更疯狂的是，它不仅仅让投资者亏掉本金，还有可能让投资者倾家荡产，欠一大堆债。2016 年初的股灾中，期货传奇人物刘强跳楼，可能就是因为加了杠杆的原因巨亏自杀。

历史上，在期货市场还不完善的时期，常常会有逼仓事件发生。比较有名的有 1993 年“郑州绿豆事件”、1995 年“3.27 国债事件”、1995 年“广联籼米事件”、1995 年“苏州红小豆事件”、1995 年“天津红 507 事件”、1995 年“海南棕榈油事件”、1997 年的“F605 咖啡事件”、1997 年东南亚金融危机引发的“橡胶事件”等，无不是市场主力兴风作浪的典型代表作。战败一方惨遭屠戮，造成了极其恶劣的影响，广大中小散户也因此亏损累累。

所以进入期货市场一定要慎重，已经进入的，请严格遵守止损纪律！

2. 案例二

以甲醇 1709（郑醇）2017 年 6 月 30 日的一段行情（1 分钟 K 线图）作为例子。图中波浪划分可以有三种划分方法。

第一种严格按照波段的高低点作为波浪的区分标准，划分如图 5-13 所示。

图 5-13 甲醇 1709 品种 2017 年 6 月 30 日的 1 分钟 K 线行情走势图（1）

第二种基于浪 1 和浪 3 细分 5 个小的推动浪，浪 2、浪 4 是细分了 A、B、C 调整浪，如图 5–14 所示。

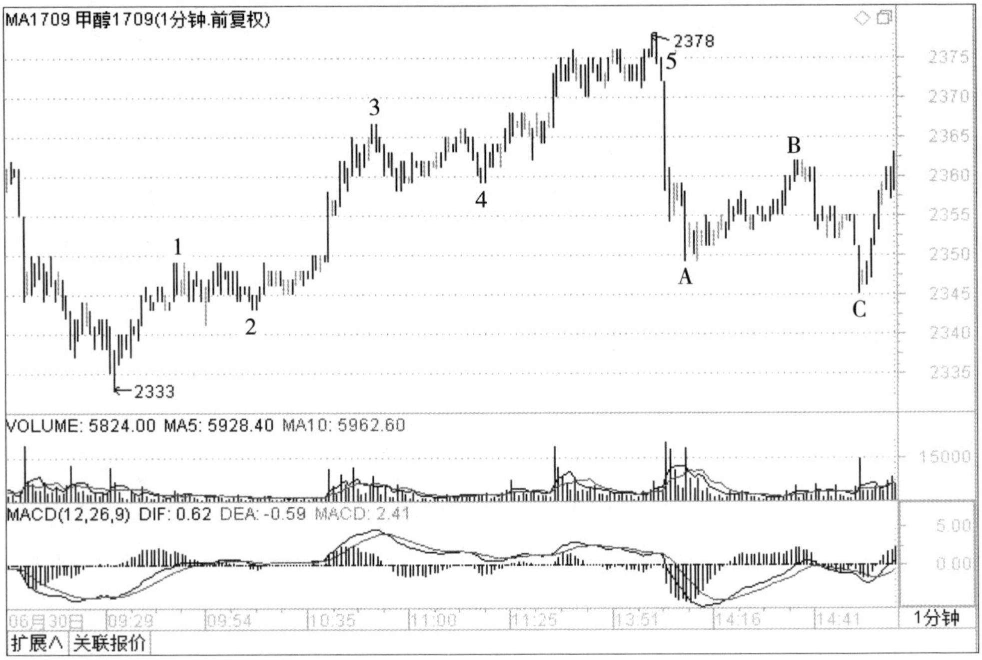

图 5–14 甲醇 1709 品种 2017 年 6 月 30 日的 1 分钟 K 线行情走势图（2）

还有一种观点认为浪 2 和浪 4 是调整浪，调整结束爆发的那一刻才是浪 3 和浪 5 的起点，划分如图 5–15 所示。

至于哪一种方法更严谨合理，孰优孰劣，这里只是抛砖引玉，留给聪明的读者朋友自己琢磨判断。

第 3 节 外汇

1. 案例一

图 5–16 展示的是欧美货币对的一段周线行情走势。由于外汇是在全球

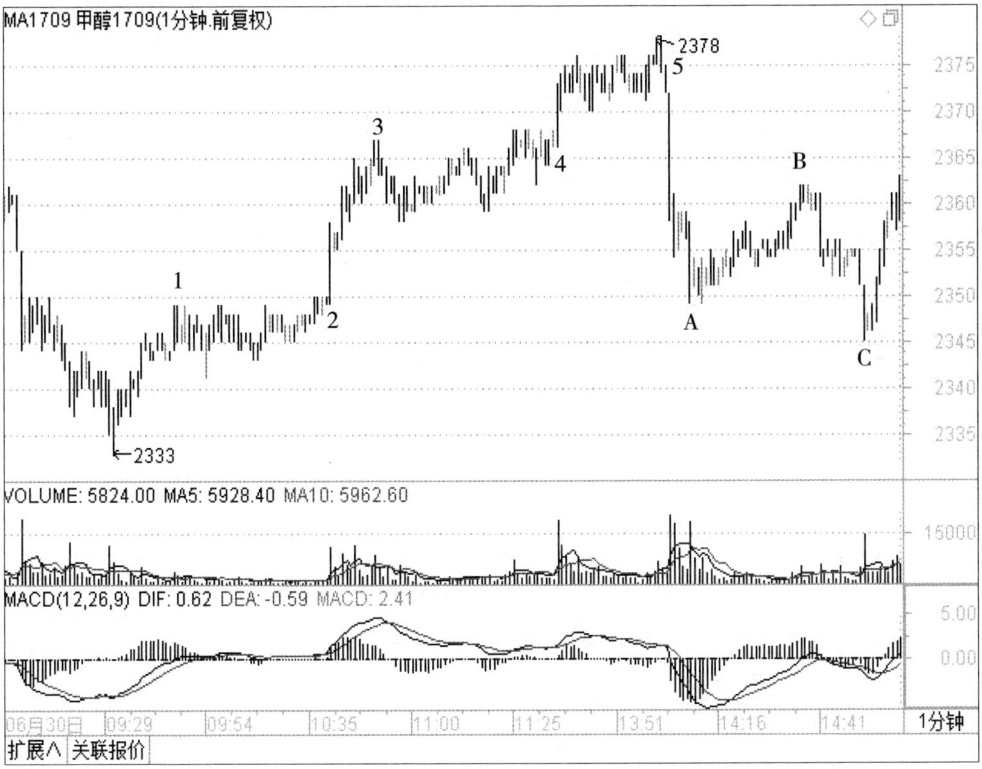

图 5-15　甲醇 1709 品种 2017 年 6 月 30 日的 1 分钟 K 线行情走势图（3）

4000 多家银行间 24 小时不间断交易的，对交易量几乎无法进行统计，所以附图中略去，只保留 MACD 指标。

该汇率走势在高位反复震荡，随后两根大阴线宣告上升趋势终结，走出了下跌浪 1 行情。浪 2 的反弹在前期震荡区间下沿附近终止，紧接着是凶狠的主跌浪第 3 浪。浪 5 又可细分为小五浪，后期的浪 A、浪 B、浪 C 走势也是顺理成章，走得干脆利落，整个波浪框架清晰可辨。

利用黄金分割线画图，将整个 5 浪分割，可以看到每个浪的起点或终点基本都在黄金线上，具体点位投资者可以自己计算对比。

图 5–16　欧美货币对周线行情走势图

小知识

计算点位应该取收盘价还是最高、最低价？

在《股价结构：压力与支撑》一书中，提到了很多算法。很多读者来信询问，在取值或画线的时候，究竟应该取收盘价，还是以波段的最高价或最低价为准。看来大家对这个问题存在不少疑惑，因此在这里详细说明一下。

在 K 线主图上画趋势线，一般来说应该取其极值，以保证画法结果的唯一性，以及趋势方向的明确性。

但是对于一些极端行情，或者类似于期货、外汇这样的市场，也会不时地出现各种毛刺的意外行情。利用其最高或最低价来画线，其趋势方向可能与 K 线的主体走势方向不一致，甚至有很大的角度偏差。毕竟这种极端行情走势不符合正常框架运行范畴，这时候建议取 K 线实体即收盘价或开盘价来画线，以保证趋势方向与 K 线的运行方向平行或基本一致。

对于取值来说也是一样。走势的毛刺太多或过于极端，此时可以收盘价或开盘价为准，避免计算结果出现较大偏差。不过要时刻牢记，极端行情也是市场走势的一部分，任何一个极端走势都可能使投资者产生巨亏，因此必须敬畏市场，小心翼翼，如履薄冰。

图 5–17 是上述欧美货币对周线行情走势的斐波那契时间周期画线。浪 1、浪 2、浪 3 和浪 A 基本在 5、8、21、34、55 这些时间点上发生转折，

图 5–17 欧美货币对行情周期图

时间误差不超过一天。

2. 案例二

不只在外汇的大周期里存在波浪结构，在小周期里同样会存在小的分形结构，图 5–18 所展示的是美元的 1 分钟行情走势图。

图中美元指数一直在 96.10 附近震荡，随后挖出一个黄金坑，浪 1 和浪 2 中包含了一个小的八浪分形结构，浪 3 基本与浪 1 等长，提前透支了上涨空间。浪 2 调整过于短暂，浪 4 又回落过深，最终导致浪 5 上涨力量不足，动能发生衰竭。浪 A、浪 B、浪 C 又细分为 5–3–5 结构，这种结构的杀伤

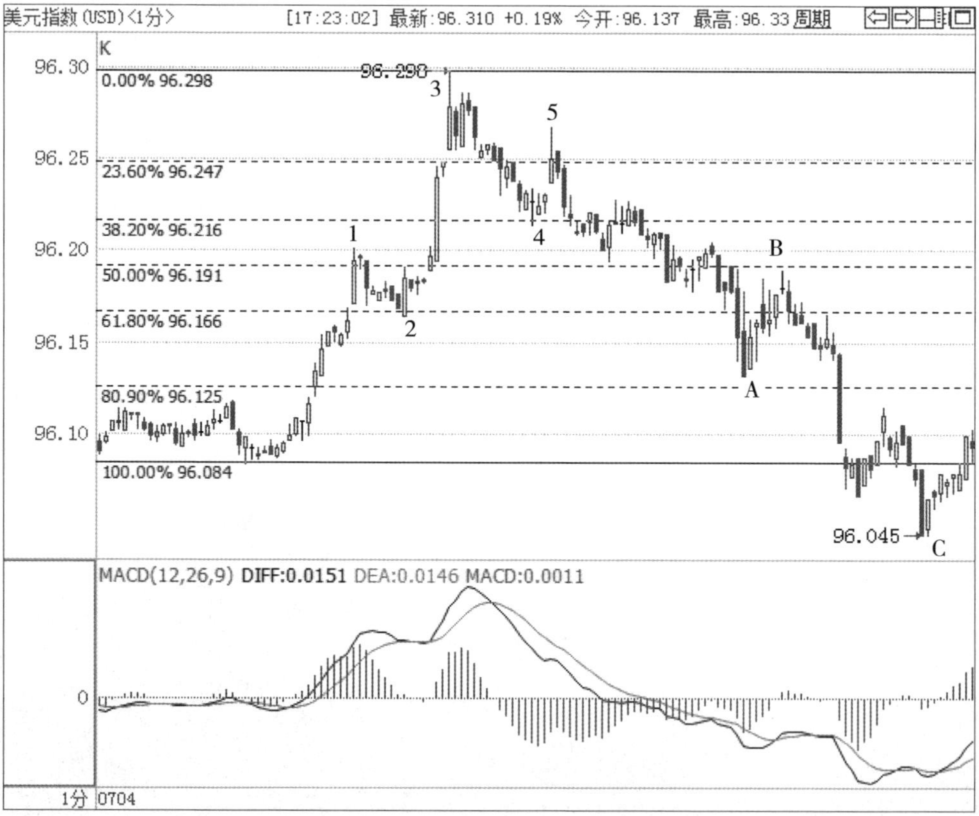

图 5–18 美元指数 1 分钟行情走势图

力最凶猛，完全将前期的涨幅吞噬掉。

图 5–19 是利用博易大师的波浪尺画线工具，基于浪 1 和浪 2 的空间，来推算浪 3、浪 5 上涨空间及浪 4 回调空间。其用法和前面的通达信黄金目标位用法类似，不再详述。

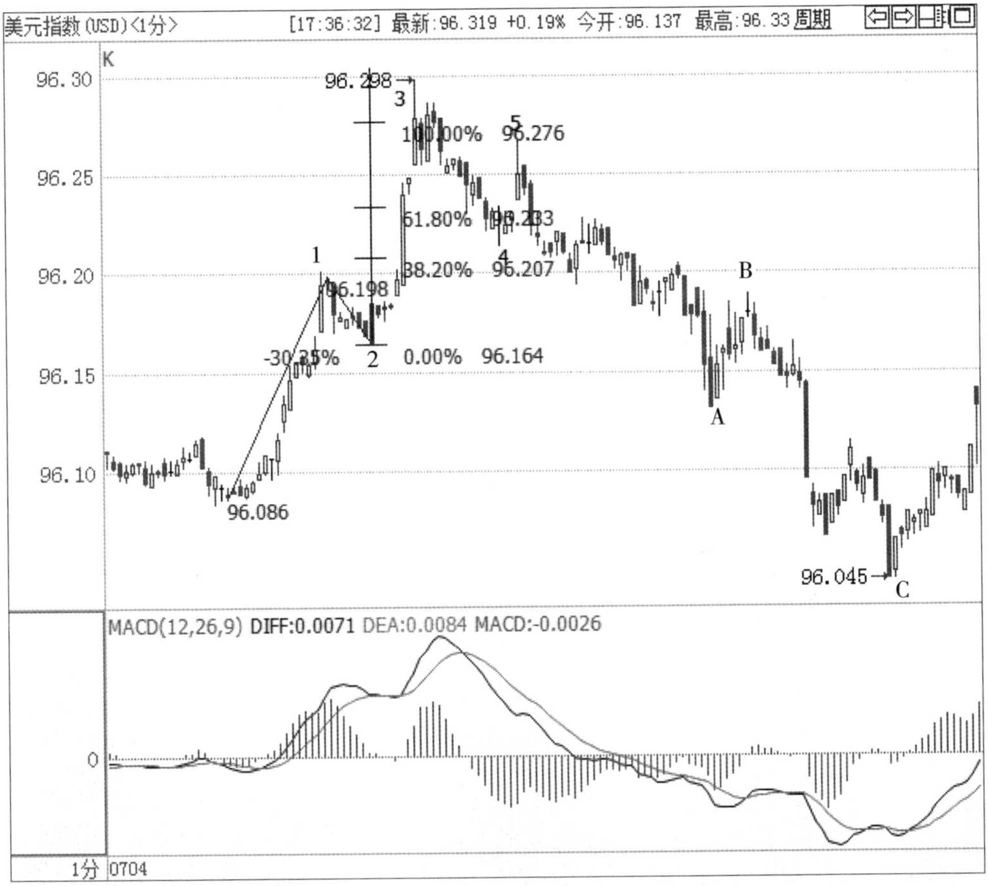

图 5–19　利用浪 1 和浪 2 推算美元指数后期上涨空间

图 5–20 是基于浪 A 和浪 B 的下跌空间，来推算浪 C 下跌空间及可能的目标位。

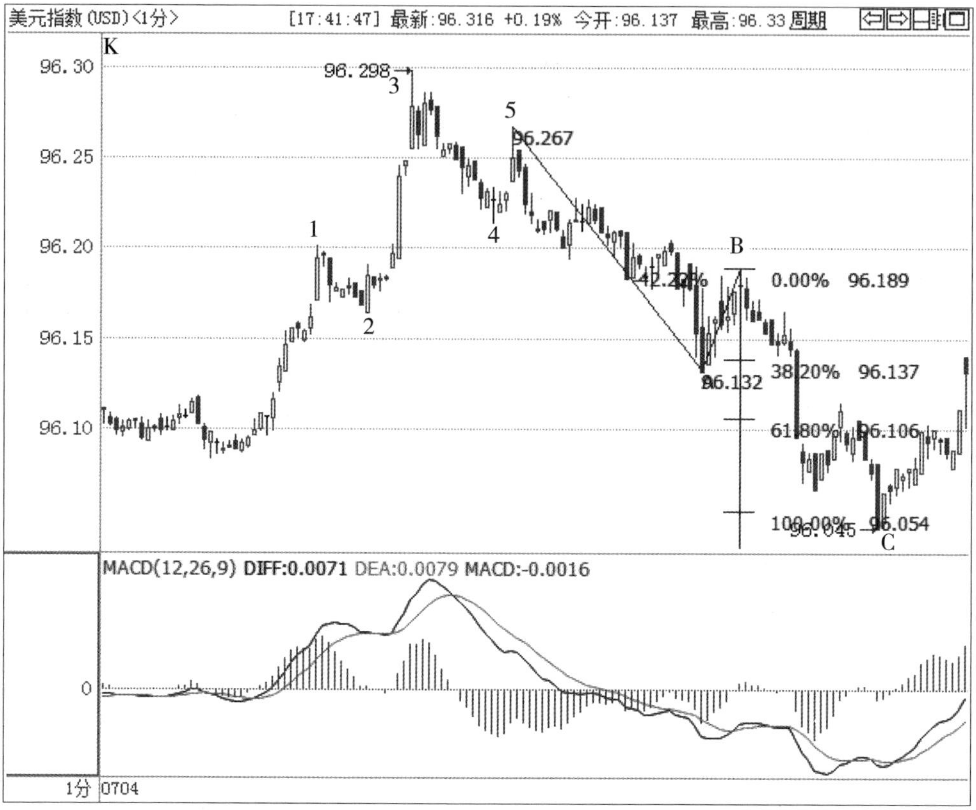

图 5-20 利用浪 A 和浪 B 推算美元指数后期下跌空间

第 6 章　波浪结构与指标的相互印证

简单与复杂，总是辩证统一的。

第1节 通道

1. 概述

在股价运行过程中，通过画趋势线可以清楚地看到大体运行趋势。通过波段的顶和底，可以画出通道线，股价在上下通道线范围内波动，如同河水蜿蜒于山谷之间。

通道代表众多交易者乐观与悲观情绪的极限，多头在上侧通道线耗尽力气，空头在下侧通道线筋疲力尽。当股价运行至轨道上沿，大部分投资者会获利卖出股票，股价遇阻回落。当下跌到通道线下轨时，由于接近前一个波段的低点，部分投资者提前买入，从而扭转下跌趋势，再次反弹上行。如果价格涨势在到达上侧通道线之前折返，这是空头的征兆，代表多头力量转弱。如果涨势穿越通道，价格收在上侧通道线之上，代表上升趋势转强。下降趋势也适用相同的推理。

股市中有一部分投资者认为，股价大部分运动是均衡有规律的，多空双方处于一种相对的势均力敌状态，所有异常的现象都将回归正常，价格通常会停留在通道之内。大部分突破都是气力即将耗尽之前的回光返照，因而会在向上突破而走势停顿时放空，在向下突破而走势未能创新低时买进。一旦新趋势由通道突破，可以为另外一种交易者——趋势跟随者带来可观的获利。由于大多数的突破都无效，价格还是会返回通道之内。

在《股价结构：趋势与轨道》一书第5章中，提到了主力炒作一只股票的运作轨迹，并简要勾勒出股价波动的趋势变化模型。我们了解到，在股价运行过程中，可能不只一个通道。若有题材的配合，会走出加速行情，通道会转变为一个新的更陡峭的通道，发生变轨现象。一波炒作可能有多次变轨，形成多个通道。

当主升浪第 3 浪涨势强劲时，价格会穿越原通道的上轨。这样的话，以浪 1 和浪 3 的顶画一条趋势线作为原通道的修正，并经过浪 2 的底画一条与之平行的修正通道线，这条新的通道线将使我们看到股价在浪 4 调整终点时对应的价位。如果浪 5 的价格在接近趋势线上端时伴随着成交量的增大，则浪 5 则极有可能穿透通道的上轨，形成新的价格轨道；如果成交量萎缩，则预示浪 5 达不到预定值。

2. 主要特征

既然已经了解了波浪理论，综合来讲，股价波动具体结构特征可以细化为以下几点。

- 上涨一级变轨主要对应波浪理论中的浪 1、浪 2，上升角度约在 15° 左右。
- 上涨二级变轨主要对应波浪理论中的浪 3、浪 4，上升角度约在 30° ~ 45° 之间。
- 上涨三级变轨主要对应波浪理论中的浪 5，上升角度约在 60° ~ 75° 之间。
- 下跌一级变轨主要对应波浪理论中的浪 A、浪 B，下降角度约在 –15° ~ –30° 之间。
- 下跌二级变轨主要对应波浪理论中的浪 C，下降角度约在 –30° ~ –60° 之间。

波浪通道变轨示意图如图 6–1 所示。

图中股价波动通道变轨模型，正好反映了上涨趋势和下跌趋势中从缓慢、正常到加速的变化过程，和道氏理论牛熊市特征吻合，也符合主力炒作过程中不同阶段的运作变化过程。

当然，特别是针对国内的 A 股市场，股价的波动不仅仅只有三级变轨那么简单，可能会有多次加速运行过程，对应趋势也会发生多次变轨。有的股票并不一定必须要走完以上三个阶段，还有可能是慢牛走势，价格一直缓慢爬坡，直到走完整个趋势。模型只是概括出来的共性，不必拘泥于具体的字眼。

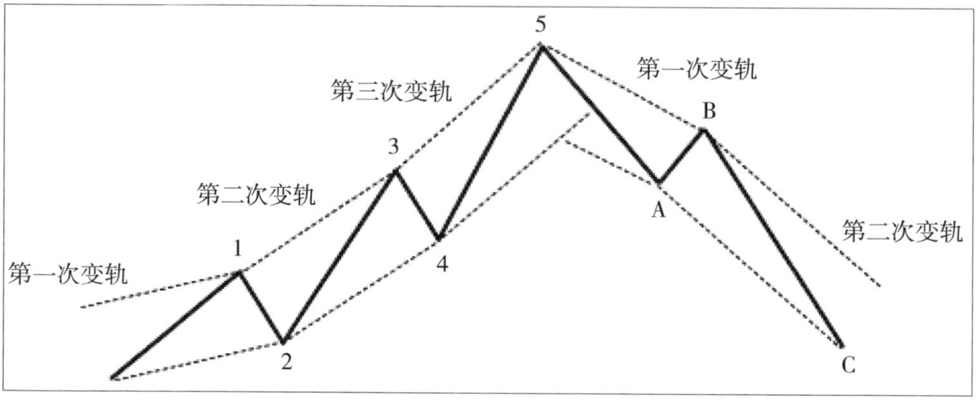

图 6–1　波浪通道变轨示意图

3. 案例分析

图 6–2 展示的是金隅股份（601992）2013 年 5 月至 2015 年 9 月的周线行情走势图。浪 1 中清晰可辨 5 个推动子浪。随后浪 2 内发生 A、B、C 调整浪，整体形成约 15° 的上升通道，扭转了股价下跌的趋势。浪 3 发生了延长，上升趋势不断加速，角度也在不断增加。浪 5 出现量价背离，趋势衰竭。伴随着主力出货，随后浪 A、浪 B、浪 C 变轨向下，耗时约两年左右，完成了整个股票的炒作过程。

如图 6–3 所示，华闻传媒（000793）自 2015 年 5 月份除权派息以后，连续出现 5 个一字板跌停，直到 9 月份才逐步止跌企稳，在底部构筑了一个 W 底形态，形成了浪 1 和浪 2。随后股价逐步攀升，不断变轨拉升，浪 3 内部发生 5 浪延长。浪 5 能量衰竭，趋势反转。随后的浪 A、浪 B、浪 C 更是一泻千里，股价在短时间内折半。

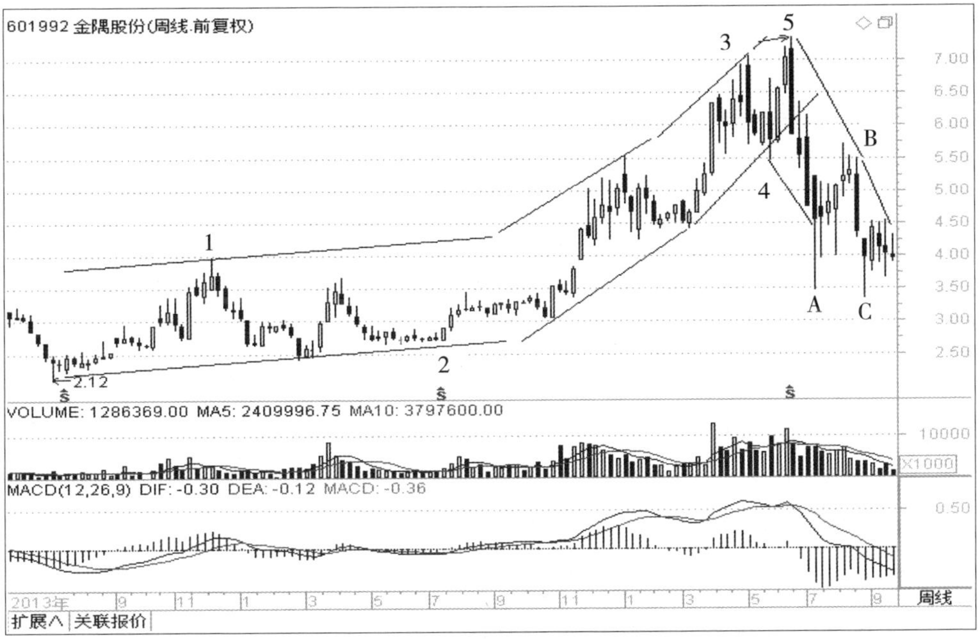

图 6–2　金隅股份（601992）2013 年 5 月至 2015 年 9 月的周线行情走势图

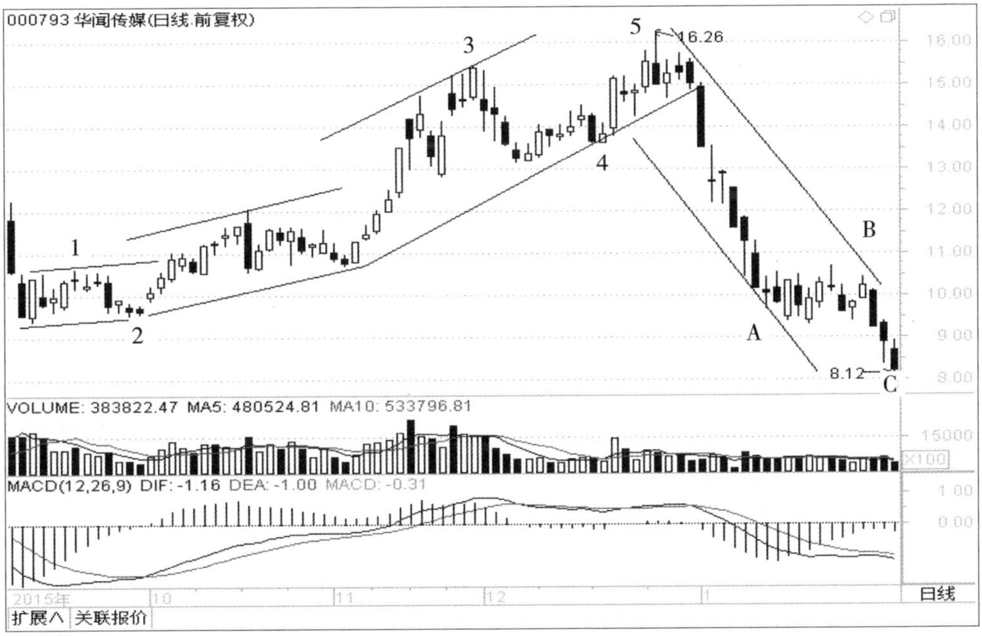

图 6–3　华闻传媒（000793）2015 年 9 月至 2016 年 2 月的行情走势图

第 2 节　成交量

1. 概述

量为价先，成交量对波浪形态的形成具有重要意义。成交量的高低点常常与市场的转折同时发生，我们常说的地量地价和天量天价就是这个意思。通过成交量分析，可以辅助辨识波浪形态。

成交量的重要性主要体现在以下几个方面。

- 对当前波浪的辅助判定作用。
- 对未来波浪变动的预测作用。
- 对具体波浪买卖操作的辅助判断。

艾略特使用成交量作为判断波浪的工具，用于校验波浪并预测波浪的延长。

他认为在所有牛市中，伴随着涨势，成交量都有放大或缩小的现象。在牛市中，成交量随价格变化的速度放大或萎缩。当价格上升加速时，成交量急剧放大。当价格上升速度减缓或盘整时，成交量萎缩。成交量萎缩通常表示卖盘减少。

成交量的最低点常常与市场下跌的转折点同时发生。在修正浪中，成交量缩减预示着卖压减少，往往意味着空方力量衰竭，转折即将到来。

一般情况下，浪 5 的成交量要比浪 3 小，如果浪 5 与浪 3 的成交量相近或超过浪 3 的成交量，那么浪 5 就极可能成为延长浪。如果之前的浪 1 与浪 3 等长，那么浪 5 的延长就更有可能发生。艾略特指出大级别牛市终点的成交量会非常高，即天价天量。

在具体分析股票市场的波浪走势时，一定要密切关注成交量的变化。只有很好地把握了成交量的变化，才能对波浪分析有的放矢。

小知识

波浪形态与成交量存在的比较明显的对应特征

- 浪 1 成交量不要求突破前高。
- 浪 3 一定要放量突破。
- 浪 5 一般不会突破成交量前高，特殊情况下浪 5 将发生延长。
- 浪 A 接近或小于浪 5 的成交量。
- 浪 B 一般不会突破成交量前高。

图 6–4 列出了最基本的波浪与成交量的对应关系模型。

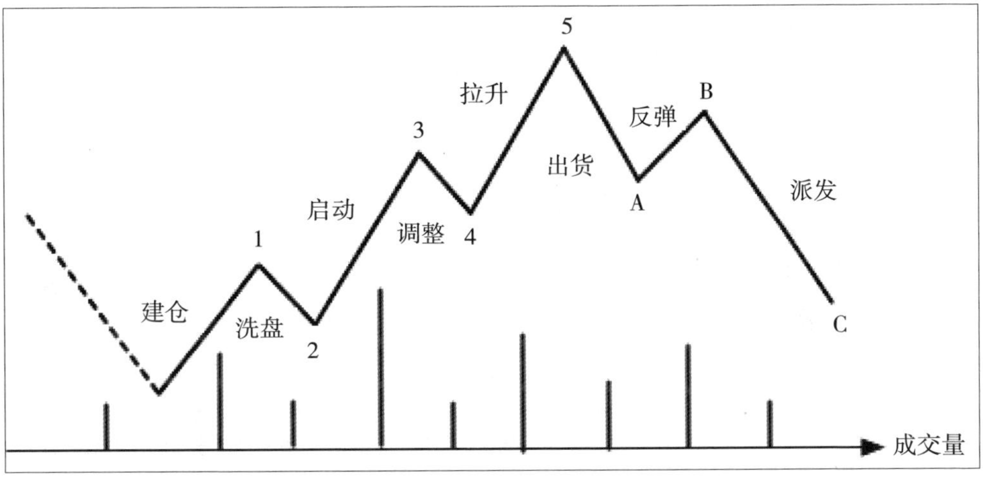

图 6–4　波浪结构与成交量对应关系示意图

以上模型基本对应于机构的操盘节奏。机构操盘分为底部吸筹建仓、洗盘、启动拉升、高位调整、再拉升和最后出货等阶段，每个阶段的成交量都有明显的特征。

2. 主要特征

波浪运行每个阶段的成交量特征及其量价关系、心理特征详见表 6–1 所示。

表 6–1　波浪运行阶段量价关系特征分析

波浪	特征	阶段	量价关系分析
浪 1	能量的孕育与蓄势待发	空头市场末期，建仓阶段	市场逐渐从寒冬中醒来，价格在低位走平走高，随着成交量逐渐放大，不断积蓄做多能量
浪 2	多空双方的力量角逐	刚收集一定筹码后的震仓、增仓阶段	部分资金获利离场，价格出现下跌，成交量逐渐萎缩，波动幅度渐渐变窄，抛盘压力逐渐衰竭
浪 3	量价齐飞的多方市场	市场明星吸引眼球，试盘、拉升阶段	成交量急剧放大，表现出具有上升潜力的量能，价格持续不断上涨。运行时间通常是整个循环浪中最长的一浪，其上升的空间和幅度亦常常最大，大多数都会发展成为一涨再涨的延长浪
浪 4	多方的理性了结	洗盘调整阶段	部分获利盘平仓，行情出现回落，成交量出现萎缩
浪 5	多方强弩之末的挣扎	疯狂暴涨，边拉升边出货阶段	吸纳筹码之后再度上攻，价格继续攀升，成交量逐渐放大，人气高涨，往往乐观情绪充斥整个市场。散户贪婪追涨，伴随着主力出货，往往出现量价背离现象。牛市进入强弩之末，涨幅在大多数情况下比第三浪小
浪 A	空方打压反转下跌	出货阶段	市场上大多数人会认为市势仍未逆转，毫无防备之心，只看作一个短暂的调整，成交量不及前高
浪 B	多头反扑，短暂反弹	反弹阶段	从成交量上看，成交稀疏且无规律性，上升不能创出新高，量能已接济不上
浪 C	空方宣泄派发	派发阶段	市场在基本面、技术面、心理面等方面连续打压，许多投资者醒悟，一轮多头行情已经结束，继续上涨的希望彻底破灭，市场面临极度恐慌性抛售，开始全面下跌，其破坏力较强。在量价关系的走势上，出现瀑布式的下探暴跌或阴跌

每个阶段详细剖析如下。

☑ 浪 1：能量的孕育与蓄势待发

在整个波浪循环开始后，一般市场上大多数投资者并不会马上就意识到上升波段已经开始。所以，在实际走势中，大约半数以上的浪 1 属于修筑底部形态的一部分。在这个阶段，由于浪 1 一般产生于空头市场末期，所以市场上的空头气氛以及习惯于空头市场操作的手法未变，因此跟随筑底一类的浪 1 出现的浪 2 的下调幅度通常都较大。

从自然界的原理来解释，就是所谓的否极泰来。争夺激烈的时候，就是正在蓄势，出现反转就是平衡被打破的时候。在空头阶段与盘整阶段，同样都在积蓄做多动能，这股力量如同火山内的岩浆，或者是地震带中的热能，一旦多方积蓄起足够的能量，就会向空方发动进攻。

在成交量与价格走势的关系上，随着价格升高，成交量逐渐放大，市场逐渐从寒冬中醒来，并逐渐变得活跃。

☑ 浪 2：多空双方的力量角逐

通常浪 2 在实际走势中调整幅度较大，具有较大的杀伤力，这主要是因为市场人士常常误以为熊市尚未结束。浪 2 的特点是成交量逐渐萎缩，波动幅度渐渐变窄，反映出抛盘压力逐渐衰竭，出现传统图形中的转向形态，例如常见的头肩、双底等。

在量价走势的关系上，有部分资金获利离场，价格出现下跌。在趋势判断上，既要看历史图形走势中形成的势能，也要看价格波动赖以生存的基本面变化。其中，平仓的、观望的以及死空头，都是打压多头的重要因素。这个阶段也是贪婪与恐惧心理之间的胶着。

☑ 浪 3：量价齐飞的多方市场

在绝大多数走势中，浪 3 属于主升段的一大浪，因此，通常浪 3 属于最具有爆炸性的一浪。它最主要的特点是：浪 3 的运行时间通常会是整个循环浪中最长的，其上升的空间和幅度亦常常最大；浪 3 的运行轨迹，大多数都会发展成为一涨再涨的延长浪；在成交量方面，成交量急剧放大，体现出具有上升潜力的量能。在图形上，常常会以势不可挡的跳空缺口向上突破，给人一种突破向上的强烈信号。

在量价走势关系上，浪2形成的价格下跌同时也是主力吸纳筹码的过程。被吸纳的筹码连同重新入场交易的筹码一起，推动价格再度上扬，同时成交量也出现放大，这就是所谓“量价齐飞”的现象。通常前期涨幅与下跌幅度之间的差距决定此轮上涨的空间。

在该阶段，市场恐惧成分骤减，人们开始变得贪婪。

☑ 浪 4：多方的理性了结支持了空方的打压

从形态结构来看，浪 4 经常是以三角形的调整形态运行的，运行结束点一般都较难预见。同时，投资者应记住，浪 4 的浪底不允许低于浪 1 的浪顶，否则直接形成趋势的反转。

在量价走势关系上，新一轮获利了结平仓的人增加，使得市场中人们的行为表现相对理性，因而出现新一轮下跌。

☑ 浪 5：多方强弩之末的挣扎，恐惧心理逐渐占据上风

在市场中，浪 5 是三大推动浪之一，但其涨幅大多数情况下比浪 3 小。浪 5 的特点是市场人气高涨，乐观情绪往往充斥整个市场。从其形成的形态和上涨幅度来看，经常会以失败的形态告终。浪 5 的成交量如果大于浪 3，浪 5 将会出现延长，尤其是浪 1 和浪 3 的上涨幅度接近时。二三线股会伴随着市场的爆发出现普遍上涨，而且升幅常常极其可观。

在量价走势关系上，表现为吸纳筹码之后再度上攻。但随着价格继续攀升，成交量逐渐萎缩，呈现上攻乏力甚至有价无市的局面。如此直到多空双方力量趋于平衡，进入拉锯战状态，并时刻找机会调头向下运行。如何突破阻力线，则呈现出趋势反转的局面。

☑ 浪 A：反转下跌

在上升循环中，浪 A 的调整是紧随着浪 5 的结束展开的，所以市场上

大多数人士会认为市势仍未逆转，毫无防备之心，只看作一个短暂的调整。浪 A 的调整形态通常以平台型与三角型两种形式出现，它与浪 B 经常以交叉形式进行形态交换。

在量价关系走势上，价格反转之后，下探的幅度是由盘整时积累的动能决定的。是逐级下跌还是一步到位，需要看基本面的影响与做空的动能大小。

☑ 浪 B：短暂调整

浪 B 的上升常常表现为多方的单相思，升势较为情绪化，这主要是市场上大多数人仍未从牛市冲天的市道中醒悟过来，还以为牛市上升走势尚未结束，在图表上常常出现做多陷阱。从成交量上看，浪 B 成交稀疏，出现明显的价量背离现象，显示上升量能已接济不上。

浪 A 瀑布式的下跌之后，肯定就是短暂的反弹。参与这种反弹的风险最大，就如同在山间窄窄的盘山道上行走，旁边就是万丈悬崖。由于山势比较陡峭，稍有不慎就会掉落下去，粉身碎骨。

☑ 浪 C：彻底恐慌

紧随着浪 B 的是浪 C。浪 B 的完成顿使许多市场人士醒悟，知道一轮多头行情已经结束，期望继续上涨的希望彻底破灭。此时大盘开始全面下跌，从性质上看，其破坏力较强。

这个时候市场在基本面、技术面、心理面等方面连续遭受打压，市场出现极度的恐慌性抛售。在量价关系上，下跌过程中，一般都会出现量价齐跌的瀑布式下泄。

3. 案例分析

图 6-5 展示的是广发证券（000776）从 2015 年 8 月至 2016 年 2 月的行情走势。随着 8 月份股价暴跌，主力资金逐步入场，成交量明显放大，随后震荡洗盘，完成了底部浪 1 和浪 2 的走势。

浪 1 是股价上涨的起始阶段，不平凡的位置注定了浪 1 的量能不会是前期熊市阶段的地量，放量上涨是这一浪的大趋势。在这个阶段，即便股价真的已经告别熊市行情，也只是少数投资者在做多，更多的人处于观望之中。

浪 3 发生了延长，主力运作不紧不慢，边拉升边洗盘。量能在这个时候显然放大了许多，市场从此开始火爆起来。随着细分的小五浪创出新高，成交量也远远超过浪 1 的幅度。

浪 5 创出了 22.56 元（前复权后的价格）的新高，但是对应的成交量并没有创出新高，量价背离说明市场并不跟风认同。随后出现一根流星线，伴着孤零零的成交量柱子，宣告了上升 5 浪的终结，市场反转意味十分强烈。

随后的浪 A、浪 B、浪 C，在不到两个月的时间里几乎抹平前期所有的涨幅。

图 6–5　广发证券（000776）2015 年 8 月至 2016 年 2 月的行情走势图

图 6–6 展示的是漫步者（002351）从 2015 年 8 月至 2016 年 3 月的行情走势。前期同样出现了断崖式的暴跌，浪 1 表明趋势止跌企稳。众多投资者大多以为此时只是反弹，在惯性做空的影响下，股价迎来跌幅较大的浪 2，图中几乎回踩前期低点。

随后价升量增，量价配合堪称完美。蓄势之后股价自然放量上涨，牛市行情重新燃起投资者的热情，此时投资者积极做多，再次买入股票。由于浪 3 发生了延长，其第一个子浪又可细分为 5 浪，趋势同样出现了延续走势。

浪 5 做多力量衰竭，走出了终结倾斜三角形形态，量价也发生了不利于多方的变化。随着主力震荡式出货完毕，趋势完全被破坏，随后股价一泻千里。

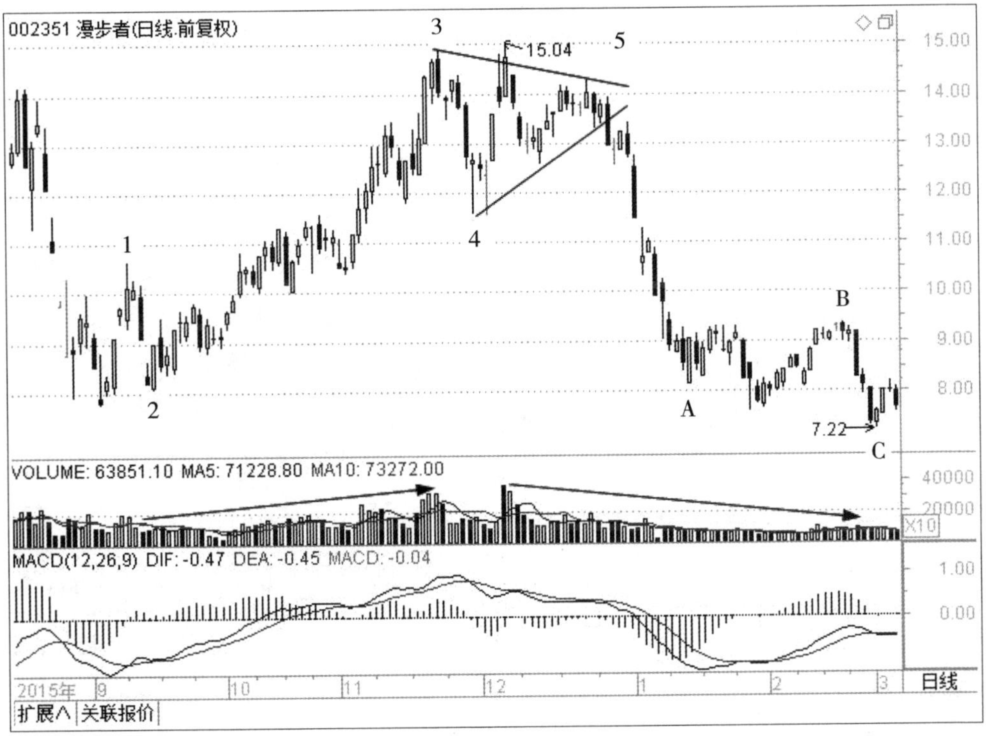

图 6–6　漫步者（002351）2015 年 8 月至 2016 年 3 月的行情走势图

第 3 节　MACD 指标

1. 概述

MACD 指标称为指数平滑异同移动平均线指标，实际上就是将两条不同周期指数平均线相减得到一个差值（DIF，也称快线），然后将 DIF 进一步求平均值（DEA，也称慢线），MACD 值则是 DIF 和 DEA 的差值翻倍而来。

在大多数技术分析软件中，MACD 值的大小用红绿色的柱状线表示，在 0 轴以下是绿色，在 0 轴以上是红色。前者表示趋势向下，后者表示趋势向上。柱状线越长，趋势越强，所以我们可以用 MACD 指标来研判趋势的方向和强弱。如图 6–7 所示。

图 6–7　MACD 指标构成

使用 MACD 指标应当遵循如下基本原则。

- 当 DIF 和 DEA 处于 0 轴以上时，属于多头市场。
- 当 DIF 和 DEA 处于 0 轴以下时，属于空头市场。
- 柱状线收缩和放大表示趋势增强和转弱。
- 牛皮市道中指标将失真。

MACD 指标一是去除了移动平均线频繁发出假信号的缺陷，二是保留了移动平均线的功能，因此 MACD 指标具有均线趋势性、稳重性、安定性等特点，是用来研判股票买卖时机，预测股票价格走向的技术分析指标。

MACD 主要用于判断市场的趋势，可以过滤掉市场的无序噪音。在趋势明显的上涨或下跌行情中给出相对稳定的趋势指向，信号可靠性较高，但对震荡盘整市场发出的信号可靠性较低。

一般来说，在股价的长期下跌过程中，一些先知先觉的主力资金会悄悄介入个股，随后出现浪 1 和浪 2。这时候市场一般还处于空头市场，MACD 表现出来的特征就是空头趋势和指标底背离。在浪 3 上升过程中，市场已经走出明显的多头行情，这时候 MACD 表现出来的就是多头趋势，柱状线会是偏离 0 轴最远的。对于浪 4，则是回踩 0 轴的过程，浪 5 往往由于上涨力量的衰竭而导致指标出现顶背离。

随后的浪 A、浪 B、浪 C 会再次进入空头市场。浪 A 中 MACD 可能会回到 0 轴附近或是穿越 0 轴。浪 B 中 MACD 反弹或接近 0 轴并在附近徘徊。浪 C 对比浪 A，MACD 柱状线逐步缩短，显示能量极为衰弱。

2. 技术要点

（1）当浪 1 出现时，MACD 指标常常出现两条线或 MACD 柱状线与股价底背离的形态。

浪 1 刚出现的时候，市场情绪仍然维持着熊市的悲观气氛，大众对市场的利好消息麻木不仁，但对任何利空消息都反应灵敏。市场上升动能较弱，成交量虽略有放大，但仍然较低。股价表现为缓慢上涨，涨幅一般也不会太大。另外，经过前期的下跌趋势，市场对这波涨势的性质短期内难以确认，许多技术派投资者仍在观望。面对浪 1 的不断上涨，许多人仍然判断市场处于下跌趋势中，而这波上涨只不过是一次小小的反弹而已。

在浪 1 形成之前，MACD 指标中的两条线往往已经出现金叉，股价走势和指标走势出现底背离形态。这两个逐次出现的看涨信号叠加在一起，市场上涨趋势出现的概率将大大增加。投资者在下跌趋势中一旦见到“金叉 + 底背离”出现，就要注意判断市场是否出现浪 1 走势。

（2）浪 2 结束时，往往伴随着快线回踩慢线。

调整浪 2 是趋势反转后的第一次回调，以测试上涨趋势是否彻底形成。当浪 2 没有破底并且得到支撑线的支撑时，就表明市场上涨趋势彻底形成。此时股价往往呈现出一些典型的整理形态，如三角形、旗形、楔形等。反映在 MACD 指标上，就是快线逐渐回落，回踩或轻微跌破慢线。

（3）浪 3 上升阶段，MACD 指标将由空头市场进入多头市场。

随着更多的投资者看好后市，买盘不断涌入推高股价，此时价格迅速上升。任何想等到市场回调时再买入的人都会后悔不已，因为回调的时间很短，回调幅度也很小。浪 3 时成交量往往放得很大，此时大多数公众都已意识到熊市已经结束。浪 3 一般是市场方向最明确的浪，往往构成一波上涨行情的最大涨幅。从时间上来说，浪 3 往往也是耗时最长的一浪。多数情况下，浪 3 以清晰的 5 浪形态展开，其中 3 浪上升，2 浪下跌。

MACD 指标上，快慢两条线几乎没有黏合，不断向右上方延伸，柱状线基本在 0 轴以上运动，全面进入多头市场，上涨趋势行情全面展开。

（4）浪 4 结束时，柱状线往往贴近 0 轴。

调整浪 4 一般表现为缩量回调，这也是最令投资者焦虑的一波走势。大多数失去耐心的短线投资者，可能会在此时获利了结，一部分长线投资者也逐步离场。此时由于市场动能较弱，也难以吸引新的买卖兴趣。一部分看好后市的投资者推动新的买盘入场，多空双方会展开争夺，然后再抉择出市场运行方向。

反映在 MACD 指标上，快线会回踩慢线，形成“空中加油”形态，此时柱状线在 0 轴附近反复摇摆不定。

（5）浪 5 加速上升，快慢线、柱状线与股价再次出现背离。

在浪5时所有人往往都很乐观,此时所有数据都表明美好时光就在眼前,上涨行情永远不会结束,人们普遍嘲笑熊市的观点。疯狂的投资者不管不问,依然狂热地入市，媒体和专业人士都在描绘更好的前景，指数上万点似乎是毫无悬念的事情。每一轮牛市的尾端，身边总有不少朋友犯这样的错误，最后在熊市来了之后，被牢牢地套在高位。

从指标上看，双线、柱状线与股价均出现顶背离形态，是一个极佳的出场信号。它表明上升趋势衰竭，牛市已是强弩之末，做多动能转弱。当成交量不足以支撑高高在上的股价时，浪 5 即将终结，见顶回落就在眼前，巨大风险即将来临。一旦出现放量大阴线，就是上涨结束的标志性信号，同时也是提示投资者杀跌的一个明确卖出信号。浪 5 有时常会出现失败形态，即顶点不能升越浪 3 的浪顶。这时候，虽然指标背离失败，但其市场含义已经表明了趋势的转折。

（6）浪 A、浪 B、浪 C 将全面进入空头市场。

此时 MACD 指标柱状线已经在 0 轴以下，向投资者表明一个事实，那就是市场趋势已经由强转弱了。在空头市场做交易,风险总是远远大于收益,此时最好的做法就是持币观望。

3. 案例分析

仍以上一节所选的两只股票作为案例来进行分析。

图 6–8 展示的是广发证券（000776）2015 年 8 月至 2016 年 2 月的行情走势。在浪 1 之前，快慢线已经发生金叉，浪 2 快线回踩慢线。随着看多的投资者持续介入，股价一路震荡上行，双线由 0 轴以下翻越，进入多头市场。

浪 4 阶段，市场实际上已进入局部震荡行情，两条线反复缠绕，柱状线也是在 0 轴上下反复摇摆。浪 5 股价创新高，但是成交量和下方的两条快慢线却发生了背离，表明这波行情已经基本结束。随后两条线跌破 0 轴，市场由多翻空。这里的指示信号似乎来晚了，因为发出信号时，股价早已跌去了六七元之多。

图 6–8 广发证券（000776）2015 年 8 月至 2016 年 2 月的行情走势图

图 6–9 展示的是漫步者（002351）2015 年 8 月至 2016 年 3 月的行情走势。随着股价的止跌企稳，MACD 依次出现底背离、金叉、回踩，完成了浪 1 和浪 2 的筑底阶段。此时市场人气逐步恢复，股价低点逐步抬高，进入上升趋势，市场也空翻多，迎来了主升浪。

随着获利盘的卖压升高，市场进入巨幅震荡阶段，MACD 柱状线反复摇摆，快慢线反复缠绕。随着主力出货完毕，股价一路下行。空头市场中，浪 A、浪 B、浪 C 最好的策略就是空仓观望。

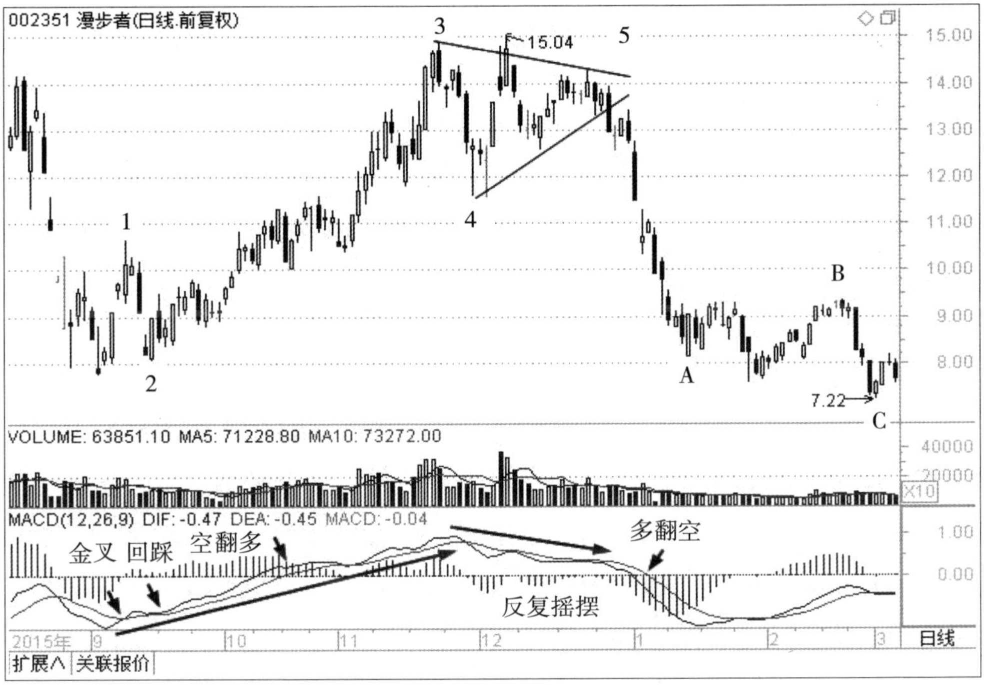

图 6-9　漫步者（002351）2015 年 8 月至 2016 年 3 月的行情走势图

第 4 节　KDJ 指标

1. 概述

KDJ 指标即随机指标，是一个震荡指标。该指标通过当日或最近几日最高价、最低价及收盘价等价格波动的波幅，反映价格趋势的强弱。

当股价上涨时，收盘价倾向于接近当日价格区间的上端。相反，在下降趋势中，收盘价倾向于接近当日价格区间的下端。随机指数在设计中充分考虑了价格波动的随机振幅和中短期波动的测算，使其短期测市功能比移动平均线更准确有效，在市场短期超买超卖方面，又比相对强弱指标敏感。总之，由于 KDJ 指标是一个随机波动的概念，故其对于掌握中短期的行情走势十分准确。

使用 KDJ 指标应当遵循如下基本原则。

- D 值大于 80，显示的是股票超买信号，预示股价将进入下跌走势；D 值小于 20，显示的是股票超卖信号，预示股价将进入上涨走势。
- J 值大于 100，显示的是股票超买信号，预示股价将进入下跌走势；J 值小于 0，显示的是股票超卖信号，预示股价将进入上涨走势。
- 指标线 K 向上突破指标线 D，显示的是买进信号；指标线 K 向下突破指标线 D，显示的是卖出信号。

在常态情况下，该指标具有较高的准确度，而且非常灵敏，适合短线操作，主要用于盘整震荡行情中。但由于该指标过于敏感，常过早发出买入和卖出信号。在极强和极弱的市场上，还会出现指标钝化现象，使投资者无所适从。在趋势行情中，随机指标发出的假信号会导致频繁买卖和过早卖出，造成操作失误。如图 6–10 所示。

MACD 指标一般反映中线的整体趋势，其基本与市场价格同步移动，使得发出信号的要求和限制增加，从而避免了很多像 KDJ 这样的假信号出现。因此，对于短期走势中 KDJ 发出的买卖信号，需要 MACD 来验证配合。一旦 MACD 与 KDJ 同步（共振）发出同一指令，则买卖准确率将大大提高。当然，如果股价或者均量线也发出共振指令，那么信号的可靠性将进一步增强。

2. 技术要点

在波浪理论中应用 KDJ 指标，主要是观察其钝化和背离。

主升浪的单边趋势行情中，该指标往往在高位发生钝化，提醒我们主升行情已经到来，金叉死叉不能再作为买卖依据，此时应以持股为主。同样，主跌浪中应该以持币为主。

浪 3 和浪 5 价格不断创新高或创新低，指标却发生背离，表明重要的趋势将尽，反转即在眼前，给出明确的准备离场或介入依据。

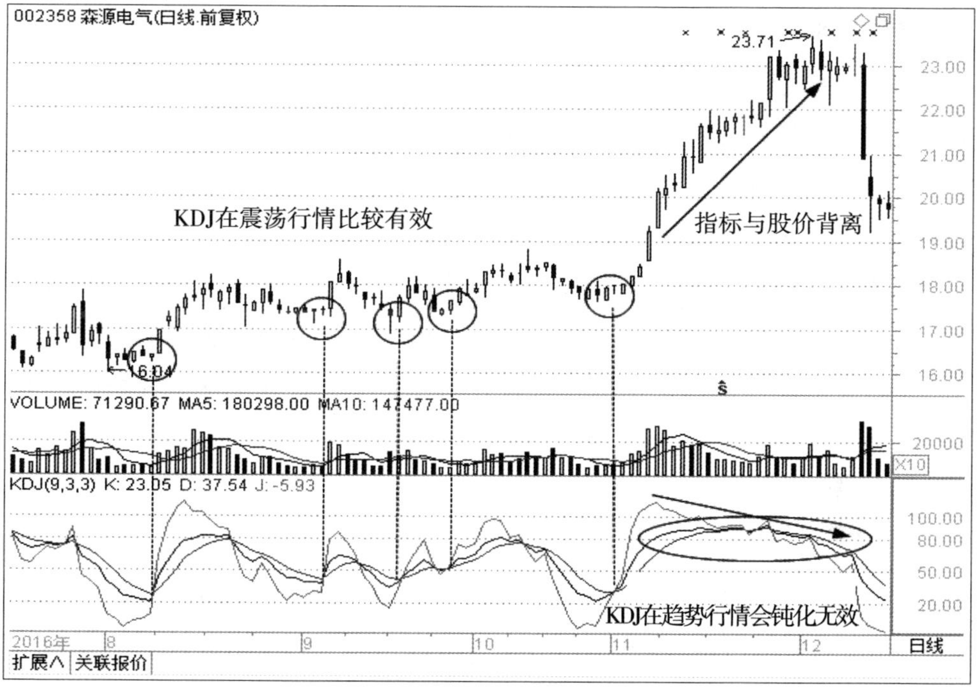

图 6–10　KDJ 指标主要特点

小知识

指标钝化

指标钝化主要是指震荡指标的值长期处在一个高位或者低位，指标形态发生粘结，处于长时间的超卖超买情况。指标钝化给出的信号大部分是错误的，导致该指标失去指示意义。通常较引人注目的是指标高位钝化和指标低位钝化，但所谓的高位和低位只是相对而言的，并没有绝对的衡量标准。更普遍地说，在平衡状态也会发生指标形态的粘结。一般情况下，只有短线指标会出现钝化，例如 RSI 指标、KDJ 指标、威廉指标等。

短线指标出现钝化以后，就失去参考价值，投资者就没有必要继续运用它了。本质上，任何带有速度变量的分析指标，在某种时间周期下均可能出现钝化。尤其要知道一点，识别钝化都是在钝化过程彻底结束之后，而这时投资者可能已经错过大行情或造成累累亏损了。

指标背离

指标背离通常分为顶背离和底背离，预示市场走势即将见顶或者见底。价格创新高而指标没有创新高为顶背离，价格创新低而指标没有创新低为底背离。在几乎所有的技术指标中都有背离功能，投资者可以用这些指标的背离来预测市场的头部和底部。

一般而言，指标的走势应与股价趋势保持一致，即当市场走势创出新高的时候，指标也应随之创出新高，或者同样处于一个向上的趋势，反之亦然。如果出现相反的走势，意味着市场即将见顶或者见底，此时就应注意逢高卖出，或者考虑在底部择机买入了。

3. 案例分析

图 6–11 展示的是广发证券（000776）2015 年 8 月至 2016 年 2 月的行情走势。第 3 浪中的细分浪 3 和浪 5 股价创新高，KDJ 指标却发生背离，此时应先落袋为安。

浪 4 结束位置是一个复合形态的早晨之星，对应 KDJ 指标在 20 附近金叉，同时走势回踩前期高点，是一个很好的介入点。

浪 5 的形成过程中，KDJ 指标高位钝化，如图中圆圈标示之处。此时的金叉、死叉指示无效，但应密切留意背离现象的发生。背离是重要的趋势转折的先兆，预示市场即将反转，应及时离场。

图 6–12 展示的是漫步者（002351）2015 年 8 月至 2016 年 3 月的行情走势。浪 1 和浪 2 的低点几乎持平，但是 KDJ 指标的低点却逐步抬高，发生底背离，表明趋势即将转变。

浪 3 主升行情，KDJ 指标本身的设计过于灵敏，黏合在一起发生钝化，反复发出买卖信号，应当忽略。此时股价创新高，指标出现走平现象，出现顶背离现象，应引起足够警惕。

随后的失败浪 5，结合下方的 KDJ 指标，高点依次降低，表明趋势已经发生衰竭，应尽早离场。

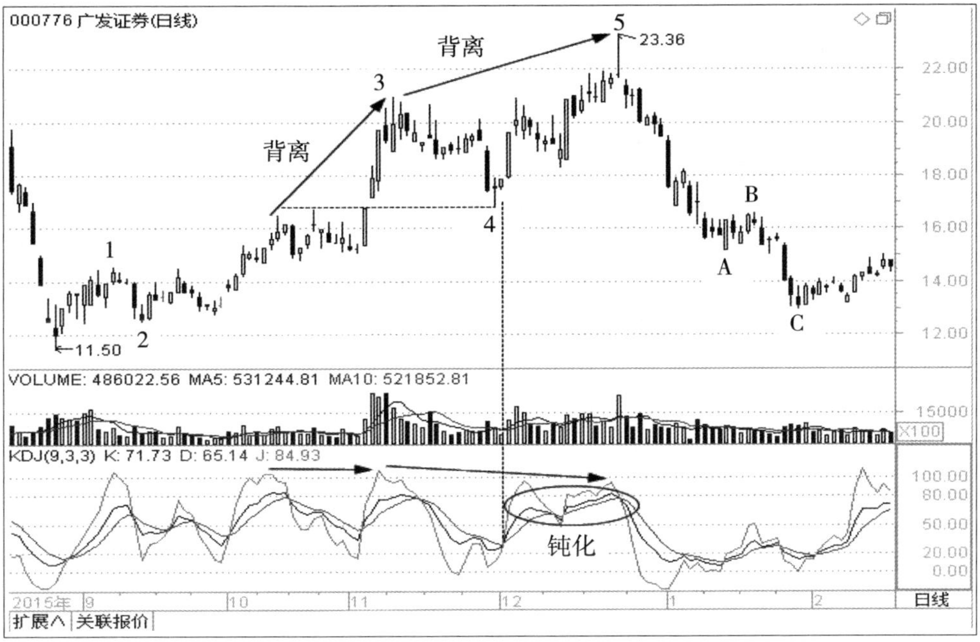

图 6-11　广发证券（000776）2015 年 8 月至 2016 年 2 月的行情走势图

图 6-12　漫步者（002351）2015 年 8 月至 2016 年 3 月的行情走势图

第 7 章　波浪软件介绍

磨刀不误砍柴工。

第1节　Advanced GET 软件

1. 软件简介

Advanced GET 软件是由美国 TTI 公司出品的一款自动分析波浪软件，主要特色在于能够自动数浪，识别波浪形态，从而帮助投资者进行辅助决策分析。该软件连续 7 年荣获全球股票与期货专业资讯杂志《股票与商品期货技术分析》（STOCKS & COMMODITIES）授予的“最佳股票与商品期货交易系统”，广受读者的欢迎与喜爱，据说全球大部分机构和专业交易者都在使用这款软件。

由于波浪理论数浪相当复杂，并且行情的复杂性以及个人判断的不同，对走势的研判往往带有个人的偏见和误导。经过对艾略特波浪理论的初步分析，并经过汤姆·约瑟夫（Tom Joseph）个人基金 20 多年的实践，汤姆·约瑟夫推出了 Advanced GET 交易模型，其中运用了艾略特波浪理论中较明确的 35% 交易规则，进一步跟踪分析表明了这个明确的 35% 交易规则，创造了近 80% 的利润。

Advanced GET 使用一种高级的数学模型来进行客观而且精确的数浪，从而消除数浪上的歧义。该模型用历史数据模式和统计行为来产生艾略特数浪，时至今日，Advanced GET 仍是全世界唯一能公开获得的艾略特波浪计算机模型。Advanced GET 还能为专业用户提供手动数浪方式，缺省的数浪方式中，近八成结果都能令最高级的波浪理论专家满意。

2. 数据导入

Advanced GET 的安装非常简单，直接点击下一步即可安装。

由于 Advanced GET 本身不提供国内 A 股行情数据，对于投资者来说，需要手动导入行情数据。大部分国内股票行情软件支持将日线数据导出成文本格式，下面以常用的通达信行情分析系统为例，来说明具体的导出方法。

首先打开通达信，点击菜单“系统”—“盘后数据下载”，补全软件里面的行情数据，如图 7–1 所示。

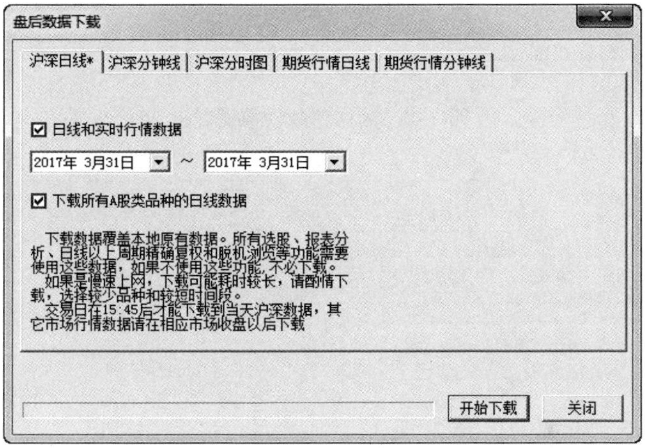

图 7–1 通达信软件盘后数据下载

然后依次点击菜单“系统”—“数据导出”，如图 7–2 所示。

点击按钮“高级导出”，具体设置如图 7–3 所示。

小知识

设置过程中要注意的问题

- 复权选“前复权”（为了保证 K 线图的连续性）。
- 去掉“生成导出头部”前面的打钩。
- 导出目录为 Advanced GET 软件，安装在目录下的 TEXT 子目录下。
- 分隔格式选“空格”。
- 日期格式选“YYYY/MM/DD”。

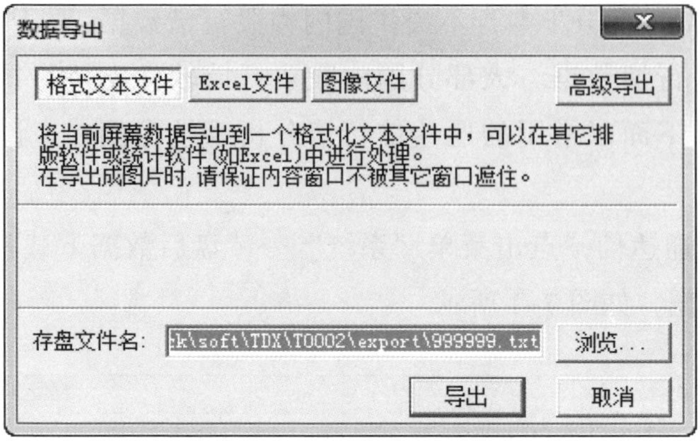

图 7-2　通达信软件数据导出

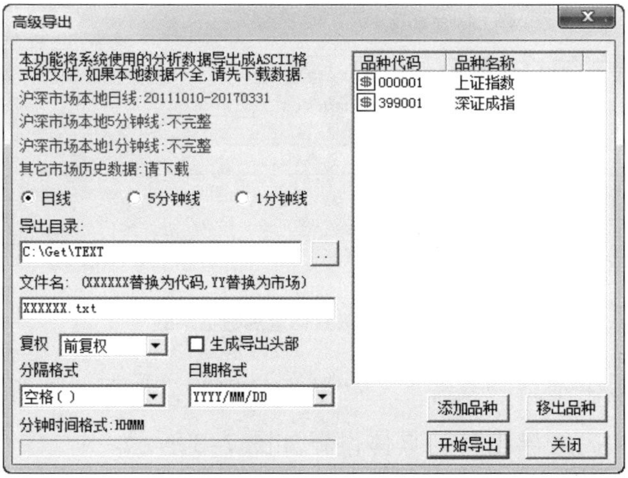

图 7-3　通达信软件高级导出

然后在右侧的列表下方找到“添加品种”，如图 7-4 所示。可以在“分类”里根据板块找到个股、板块指数或大盘指数，添加想要分析的品种。

在通达信软件里，上证指数代码是“000001”，深证成指代码是“399001”。不建议一次添加太多，以免后期在 Advanced GET 里面寻找时耽误时间。

选择品种以后，回到前一个界面点击“开始导出”即可。

在 Advanced GET（以 8.0 版本为例）软件里，依次点击菜单“文件选

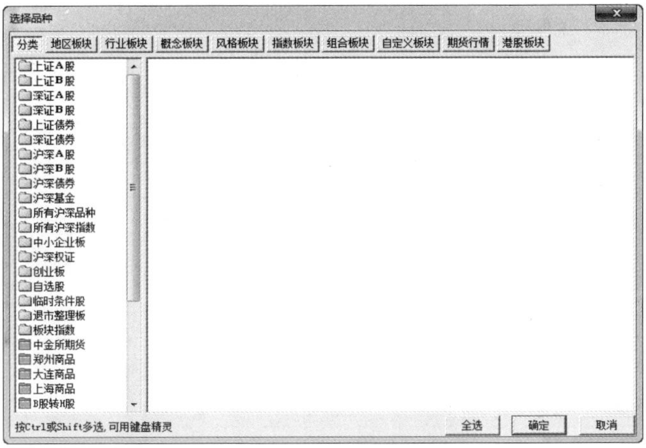

图 7–4　通达信软件选择品种

项”—“新的图表”，选择要显示的股票。点击按钮“重新检查”，先刷新股票列表，然后双击列表中的股票代码即可显示，如图 7–5 所示。

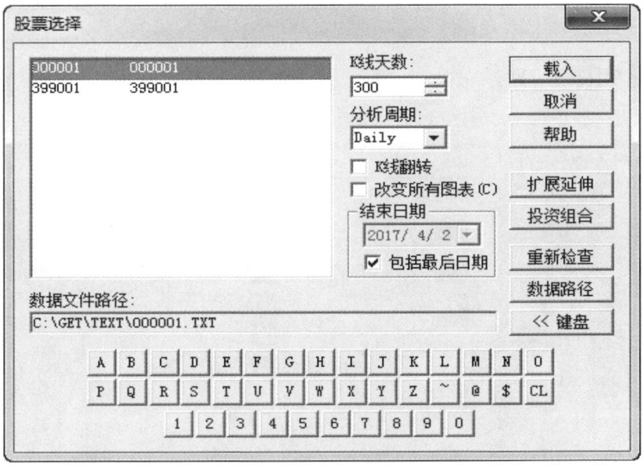

图 7–5　Advanced GET 股票选择

注　意

如果之前导出的数据文件不在指定目录中，先点击按钮“数据路径”进行相关设置。

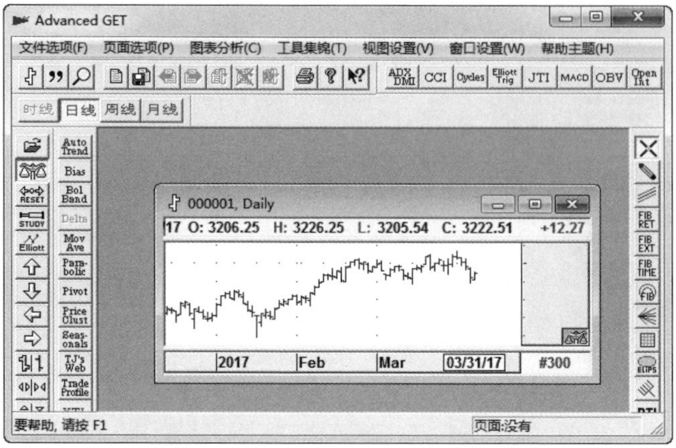

图 7–6　Advanced GET 软件主界面

出现 Advanced GET 软件主界面如图 7–6 所示。

由于 K 线图是以美国线显示的，不符合国内投资者的习惯，可以做以下修改：在 K 线图上点击右键，选择“图表设置”，将“图表类型”修改为“亚洲 K 线”即可。如图 7–7 所示。

最终界面如图 7–8 所示。

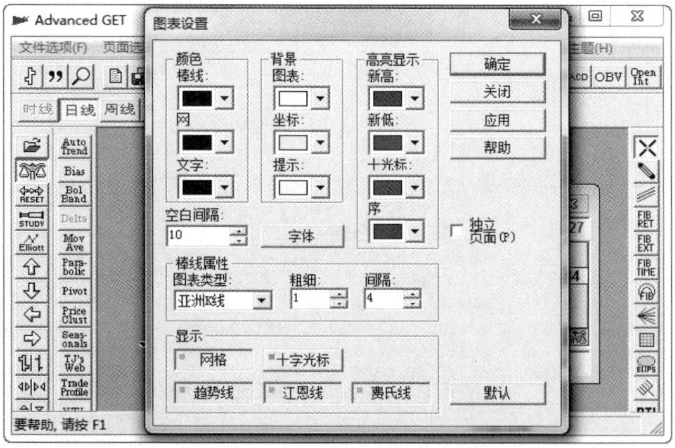

图 7–7　Advanced GET 图表 K 线属性设置

图 7–8　Advanced GET 主界面

3. 工具栏

最上方是常用的图表选择和技术指标，不再详述，左右两侧的工具栏介绍如图 7–9 所示。

4. 主要功能

☑ 自动数浪

这是该软件最有特色的一个功能，可以自动划分波浪并进行标注，使用方法也很简单。点击菜单“图表分析”—“艾略特波浪”，或者直接点击左侧工具栏上的图标即可，效果如图 7–10 所示。从图中可以看出，主要的波浪形态识别基本正确。

☑ 自动趋势通道

可以自动统计并绘制出股价的走势通道。点击菜单“图表分析”—“技术分析”—“Auto Trend 自动趋势分析”，或者直接点击左侧工具栏上的图标，会出现如图 7–11 所示的设置界面。

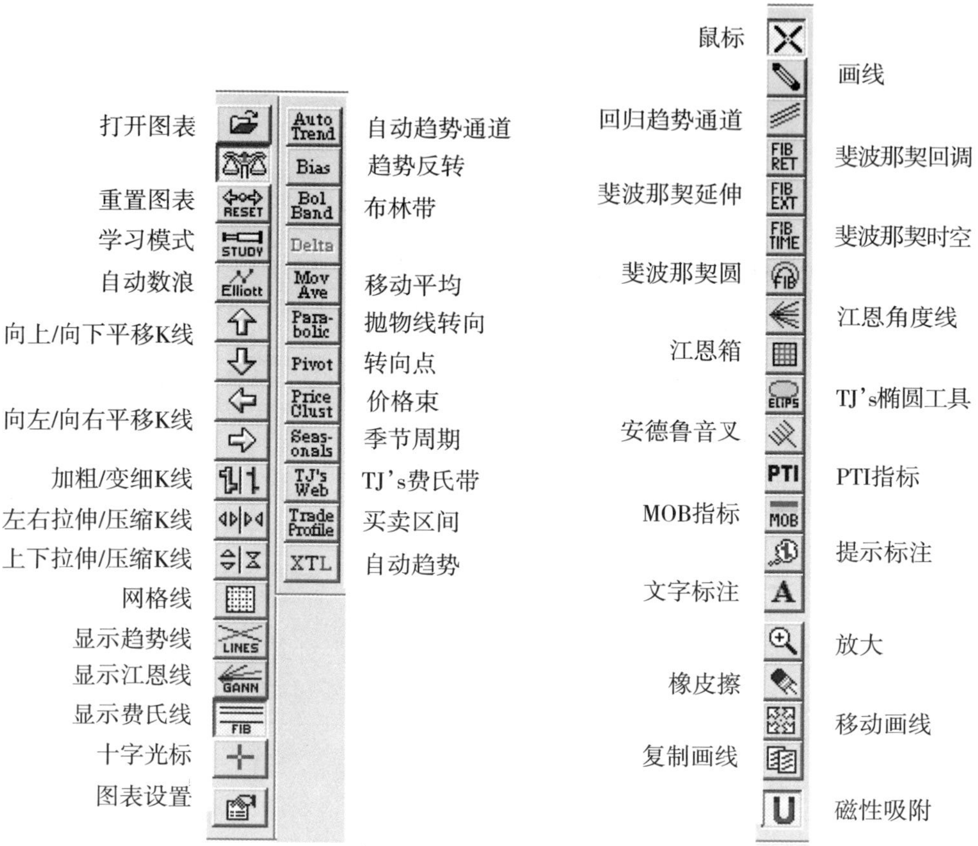

图 7–9　左右两侧工具栏介绍

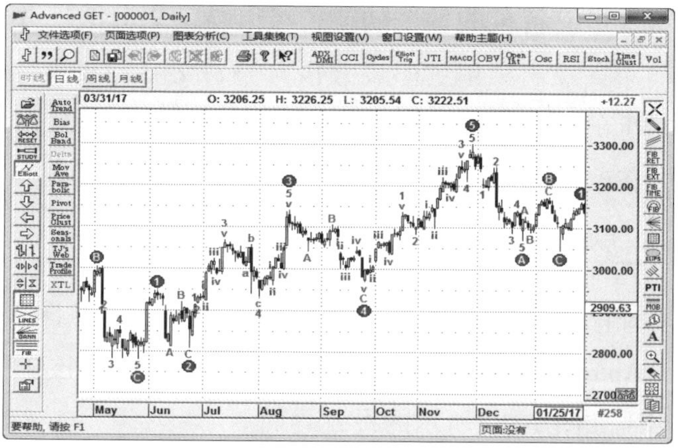

图 7–10　Advanced GET 自动数浪功能

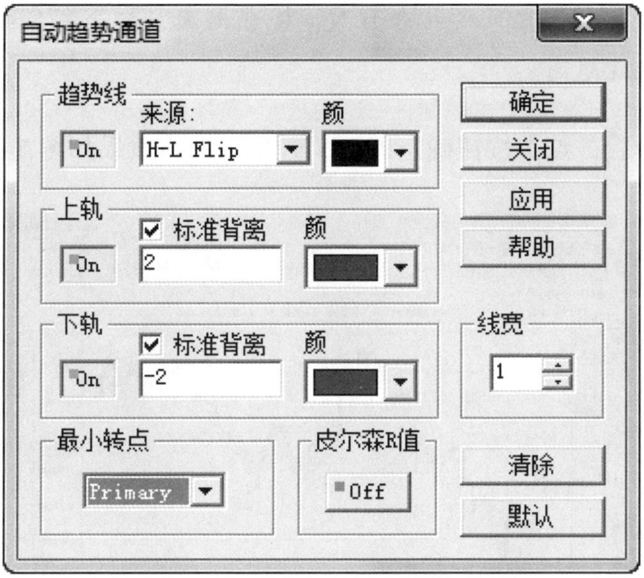

图 7-11　Advanced GET 自动趋势通道设置界面

注　意

其中几项简要说明如下。

“来源”：指以收盘价或当日的 3 个或 4 个价位进行中轴趋势回归线的计算方式。“H-L Flip”是指当趋势向上时用当日 K 线的最低价，当趋势向下时用最高价来计算回归线，一般保持默认即可。

“标准背离”：即按中轴线的多少个标准方差来绘制上下通道线，默认为 2，即以 95.45% 的概率保证“来源”中数据点在通道范围内。

“最小转点”：以哪种转向点为主要划线依据。可以选择想要的级别的基准点，来作为趋势通道的起始点，画出自动趋势通道。如果选择“主要的”，自动趋势通道将只用主要的基准点来作为通道的起始点，而且在遇到下一个新的主要基准点之前不会发生改变。

“皮尔森 R 值”：即统计中轴线回归方程的相关系数 R 值，是中轴趋势线拟合程度的指标，它的值的大小可以反映出中轴趋势线和实际数据（即

“来源”中数据值）之间的拟合程度。R 值越大，拟合程度越高，中轴趋势线的可靠性就越高。

设置完毕后，点击按钮确定即可，画出来通道效果如图 7–12 所示。

图 7–12　Advanced GET 自动趋势通道

☑ XTL 自动趋势

可以通过颜色自动标识出趋势和非趋势行情。同样，在上述菜单的 XTL 趋势定位或左侧的快捷按钮来实现该功能，只需设定分析周期即可。结果如图 7–13 所示，其中红色表示趋势向下，蓝色表示趋势向上，无趋势则用黑色表示。

☑ JT’s 椭圆

比较核心的功能，简单来说就是找压力支撑位。在一段上升或下降趋势之后，股价发生回调或反弹，其波动能够有多远，这是很多投资者关心的问题，该功能就是为此而设计的。通过对之前趋势的空间大小以及市场力量的强弱进行综合分析，Advanced GET 利用椭圆来投射出一个价格和时间跨度上的区域。当回调或反弹的价格在这个椭圆区域里获得支撑或压力，价格能够维持住，表明之前的趋势行情仍将继续。

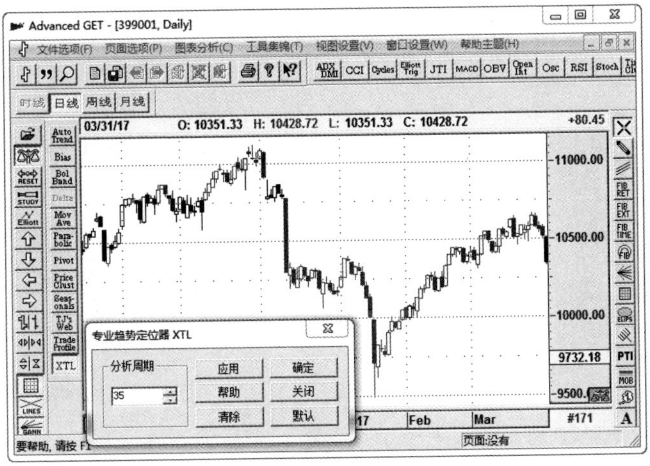

图 7–13　Advanced GET 自动趋势分析

使用该功能时，点击右侧工具栏上的图标，找到 K 线图中一段趋势行情，用鼠标左键框选趋势的起点和终点，然后松开鼠标，软件会自动计算出回调的支撑区域和时间跨度。如图 7–14 和图 7–15 所示，软件通过椭圆画线精准地找到了支撑位。

图 7–14　Advanced GET 的 TJ’s 椭圆画法示意

图 7-15 Advanced GET 的 TJ's 椭圆功能寻找回调支撑位

下跌行情预测方法与此类似，图 7-16 是对上证指数 2015 年 6 月份的一段下跌行情预测的结果，椭圆位置精准地预测到了反弹高点。

图 7-16 Advanced GET 的 TJ's 椭圆功能寻找反弹压力位

☑ MOB 到达或突破

比较核心的功能，也是用来研究价格反转的。利用股价波动的动量、加速程度等模型来确定价格的后续到达区域。据统计，在大约 70% 的情况下，价格到达 MOB 价格目标位后会发生反转。

在软件右侧工具栏上点击 MOB 功能按钮后，找到波段的高点，点击鼠标左键即可。指数在随后到达 MOB 区域两次无效突破后，进行深幅回调。当指数震荡整理完毕，之后沿着原来的趋势上升，再次预测目标位，随后指数果然在 MOB 区域发生反转。如图 7–17、图 7–18 所示。

下跌行情的使用方法与此类似，不再详述。

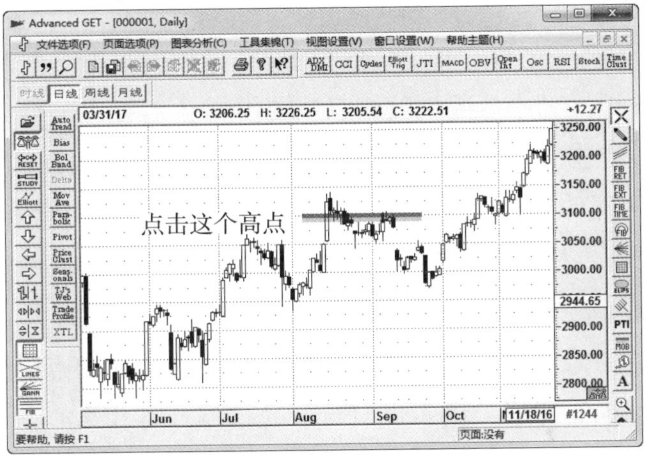

图 7–17　Advanced GET 的 MOB 功能（1）

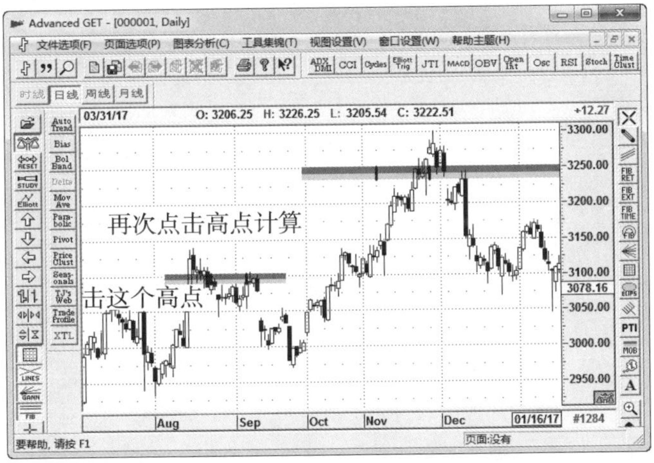

图 7–18　Advanced GET 的 MOB 功能（2）

☑ PTI 获利指数

比较核心功能，可以进行浪 5 的失败预测。这个功能极其优秀，浪 4 获利指数（PTI）回答了成千上万个艾略特波浪理论实战者的疑问：“一个 5 浪序列的浪 5 是否会创出新高，还是失败或形成双顶结构？”

浪 4 获利指数（PTI）根据浪 3 与浪 4 的区域对比产生了一个 PTI 值。

历史表明，假如在一个浪 4 中，PTI 值大于 35，市场在一个 5 浪序列中将会创出新高。

相反，假如在一个浪 4 中，PTI 值小于 35，指标提示由于太多的获利压力，市场在一个 5 浪序列中形成失败或双顶结构。

使用时，点击右侧工具栏的“PTI”按钮，鼠标左键框选浪 2 和浪 3 之间的区域，并延伸至浪 4，软件自动计算出浪 4 的获利指数 PTI 值为 67，如图 7–19 所示。其值大于 35，表明将会有浪 5 发生，并会创出新高，随后的行情验证了这一点。

还有其他的像艾略特振荡器、艾略特触发器、转向点、价格束、时间束等功能，都很有意思，读者可自行研究挖掘。有什么心得体会，可以在读者交流群（QQ 群号：84588410）交流探讨。

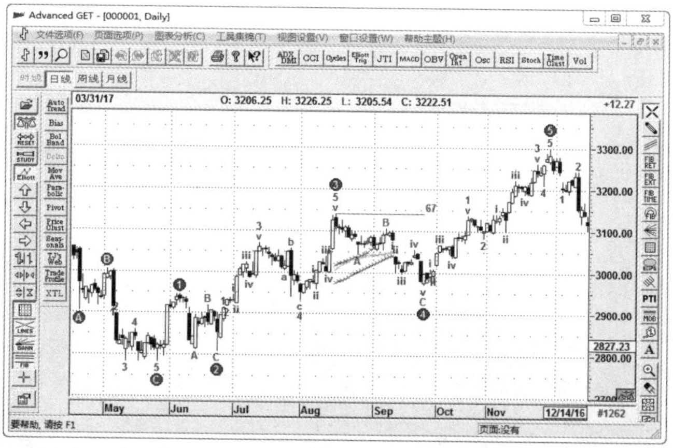

图 7–19 Advanced GET 的 PTI 功能

第 2 节　ELWAVE 软件

1. 软件简介

ELWAVE 是一家荷兰公司开发的波浪分析软件，按照设计者的说法，设计开发该软件的第一要义，是要为真实的市场走势提供客观有效的艾略特波浪预测分析。它是一套完全遵循艾略特波浪原理，精心研制开发出来的波浪交易和教学工具。该软件提示有关波浪最具威力的分析方法，使投资者进一步提高神奇的市场预测能力。软件的官方网站为 http://www.prognosis.nl，最新版本是 10.0。

ELWAVE 既可以为初学者提供详尽、优质的完全具备弹性的艾略特波浪分析，也能够满足专业用户的需要，允许初学者自由调整并保存每一个波浪分析。

这个软件的最大特色，是利用自己的算法模型对所有 K 线数据进行计算，得到波浪形态模式，并给出预测可能。ELWAVE 的波浪检测器可以提供完整的波浪分析信息，或有关每种波浪形态的分析摘要，其功能是无可匹敌的。它可以对整个图表进行波浪标记，而不仅仅是其中一部分，并且速度相当快。尤其重要的是，所有波浪形态都是由整个图表决定的。

使用软件中的波浪树型，可以很容易地调用各种图表的波浪分析，并通过其缩放功能自动调整相关的内容等。软件还可以对特殊目标进行预测，并显示相关目标区域以及最有可能出现的目标。由于与每一个波浪有关的几乎所有波浪规则和指引都被罗列出来，只要点击相关规则或指引就会显示在图表上，随后的形态路径就会像目标区域那样出现在图表中，因此软件分析依据具有完全的开放性和透明度。

ELWAVE 首先提供的是首选波浪数法，与此同时，也会提供其他重要的候选波浪数法。所有的候选波浪数法按照其出现的可能性进行排列，考虑的因素包括同时比较价格与时间的斐波那契比率，以及各种波浪规则指引、波浪形态和内部波浪结构的有效性等，相关信息还包括风险与或然率。假如仅仅关注首选的波浪数法，那么潜在的风险将变得十分巨大，即使预期未来几年将会出现熊市，但同样也有形成大牛市的可能，所以软件会非常清晰地随时提醒用户注意这一点。

2. 数据导入

可以借鉴 Advanced GET 软件的数据导出方法，或者直接使用这些数据。

ELWAVE（在这里以 7.1 版本为例）的安装非常简单，打开软件以后，出现如图 7–20 所示的界面。

图 7–20　ELWAVE 主界面

依次点击菜单“文件”—“新的图表”，出现“新建数浪文件”窗口，如图 7–21 所示。

在“查找范围”下拉列表中，将文件路径定位到之前导出的数据文件目录“C:\Get\TEXT\”下，“文件类型”选择“ASCII”，然后在右侧点击想要显示的数据文件（比如“000001.txt”）。点击“打开”按钮，出现如图 7–22 所示“指定 ASCII 文件格式”界面。“栏目内容”设置方法如图，即可调出该股票的 K 线图。

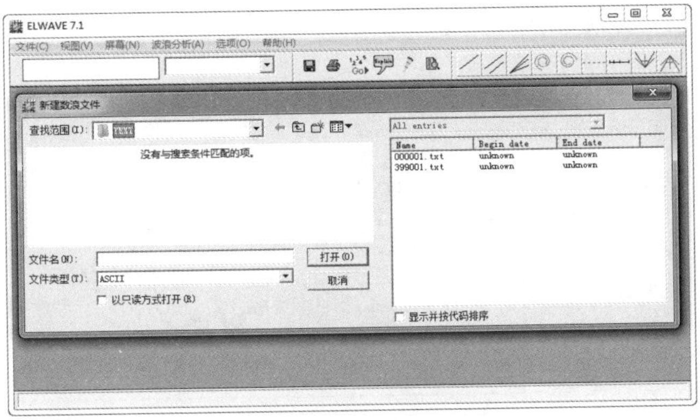

图 7–21　ELWAVE 新建数浪文件

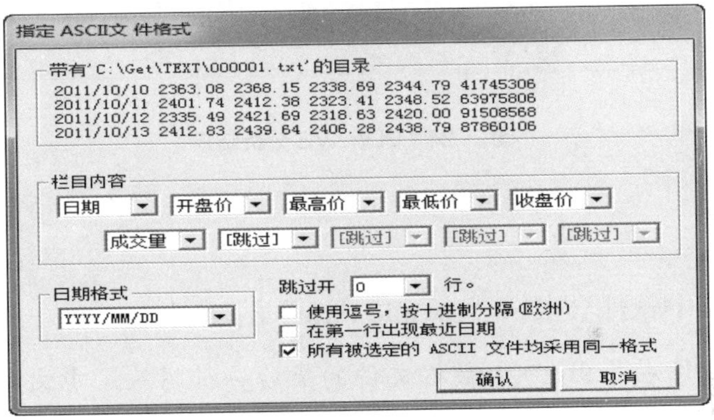

图 7–22　ELWAVE 指定 ASCII 文件格式

随后软件会自动进行全图表的波浪形态组合分析，如图 7–23 所示。

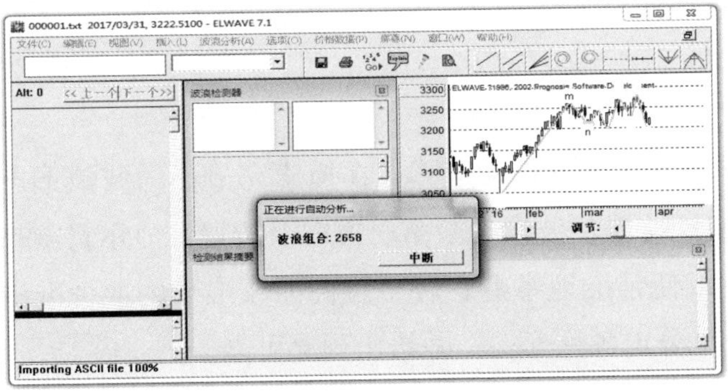

图 7–23　ELWAVE 进行波浪组合自动分析

分析完成，结果如图 7–24 所示。

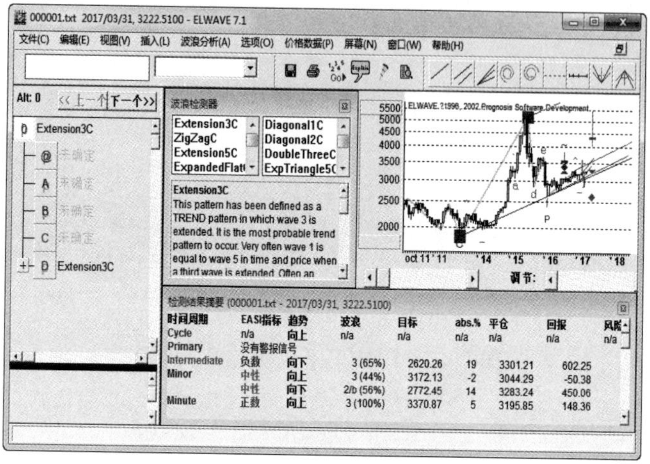

图 7–24　ELWAVE 分析结果

小知识

导入步骤中软件会报错“Invalid date”的原因

通达信软件在导出 TXT 数据文件的最后一行写入了中文：“数据来源：通达信”，Advanced GET 软件能够自动识别过滤，ELWAVE 导入就会报错。进入该目录，手动删除文本文件最后一行文字即可解决。

3. 主要功能

☑ 自动计算波浪

软件操作简单，通过自动运算，在搜索完最小的波浪形态后，可以计算每层级（共计 11 层）波浪的数字、方向及位置，显示目前市场正处于第几波的状态，以便精准地掌握各种金融商品波浪数的取舍准则。还可以按照投资者的设定分出各种形态，并给出预测可能。

打开数据文件后，软件一般会自动进行计算。手动计算的话，直接点

击工具栏 这个图标即可。计算结果在主图上标识浪，在下方显示检测结果摘要信息。列表中给出了预测短线、中线、长线各层级波浪的目标价位及出场价格、投资风险与报酬比率等。如图 7–25 所示。

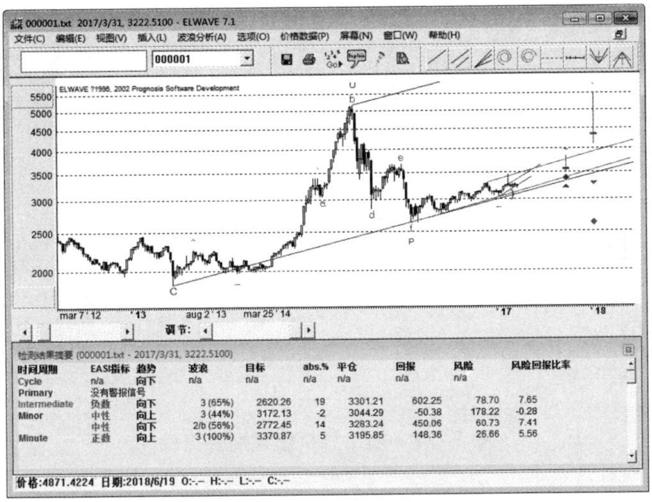

图 7–25　自动计算波浪界面

更复杂的波浪计算方法，可以点击菜单“波浪计算”，里面有按范围、按程度等进行波浪分析的选项，如图 7–26 所示。

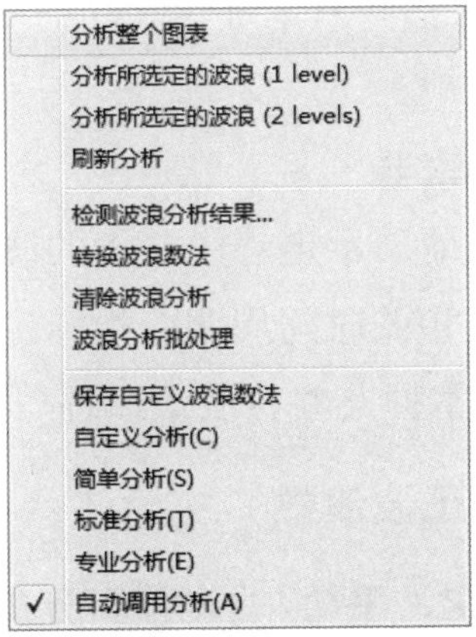

图 7–26　选择波浪计算模式

点击菜单“选项”—“输出摘要信息”，可以生成文本格式，方便打开查看计算结果，如图 7-27 所示。软件还自动给出了买卖信号。

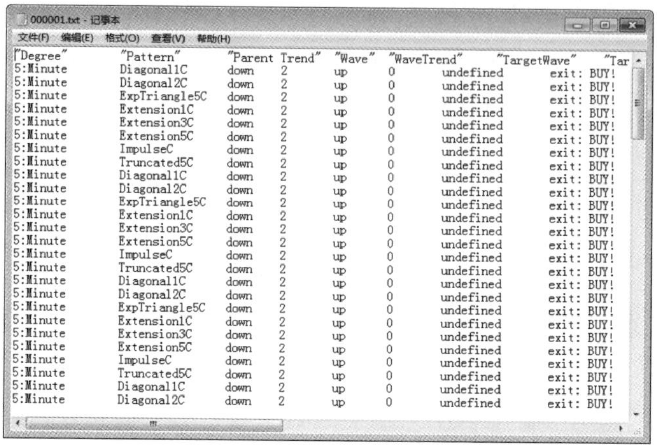

```
000001.txt - 记事本
文件(F) 编辑(E) 格式(O) 查看(V) 帮助(H)
"Degree"    "Pattern"      "Parent Trend"  "Wave"  "WaveTrend"   "TargetWave"   "Tar
5:Minute    Diagonal1C     down   2        up      0             undefined      exit: BUY!
5:Minute    Diagonal2C     down   2        up      0             undefined      exit: BUY!
5:Minute    ExpTriangle5C  down   2        up      0             undefined      exit: BUY!
5:Minute    Extension1C    down   2        up      0             undefined      exit: BUY!
5:Minute    Extension3C    down   2        up      0             undefined      exit: BUY!
5:Minute    Extension5C    down   2        up      0             undefined      exit: BUY!
5:Minute    ImpulseC       down   2        up      0             undefined      exit: BUY!
5:Minute    Truncated5C    down   2        up      0             undefined      exit: BUY!
5:Minute    Diagonal1C     down   2        up      0             undefined      exit: BUY!
5:Minute    Diagonal2C     down   2        up      0             undefined      exit: BUY!
5:Minute    ExpTriangle5C  down   2        up      0             undefined      exit: BUY!
5:Minute    Extension1C    down   2        up      0             undefined      exit: BUY!
5:Minute    Extension3C    down   2        up      0             undefined      exit: BUY!
5:Minute    Extension5C    down   2        up      0             undefined      exit: BUY!
5:Minute    ImpulseC       down   2        up      0             undefined      exit: BUY!
5:Minute    Truncated5C    down   2        up      0             undefined      exit: BUY!
5:Minute    Diagonal1C     down   2        up      0             undefined      exit: BUY!
5:Minute    Diagonal2C     down   2        up      0             undefined      exit: BUY!
5:Minute    ExpTriangle5C  down   2        up      0             undefined      exit: BUY!
5:Minute    Extension1C    down   2        up      0             undefined      exit: BUY!
5:Minute    Extension3C    down   2        up      0             undefined      exit: BUY!
5:Minute    Extension5C    down   2        up      0             undefined      exit: BUY!
5:Minute    ImpulseC       down   2        up      0             undefined      exit: BUY!
5:Minute    Truncated5C    down   2        up      0             undefined      exit: BUY!
5:Minute    Diagonal1C     down   2        up      0             undefined      exit: BUY!
5:Minute    Diagonal2C     down   2        up      0             undefined      exit: BUY!
```

图 7-27　输出分析结果摘要信息

☑ 计算目标区

在主图上以黄色雷达状区域来预测走势的理论趋势方向。同时，以红色波浪条纹预估未来价格目标区间，显示波峰（高价区）及波谷（低价区），并以多种不同颜色文字、数字及符号区分各层级波浪，如图 7-28 所示。这种显示方法像水波一样，形象直观，能明确给出可能到达的目标通道带。

☑ 波浪树及波浪检索器

利用波浪树直观形象地展示走势中包含的波浪层次，并且可直接定位每层波浪的形态，显示其相关时间周期、指标、趋势、风险、回报及比率等详细结果，帮助投资者掌握艾略特波浪原理。如图 7-29 中部左侧所示。

☑ 盘中自动即时修正波浪数

可分批 / 分项定时设定，手动 / 自动修正分析功能，立即追踪波浪趋势现况，调整交易策略（需要实时数据支持）。

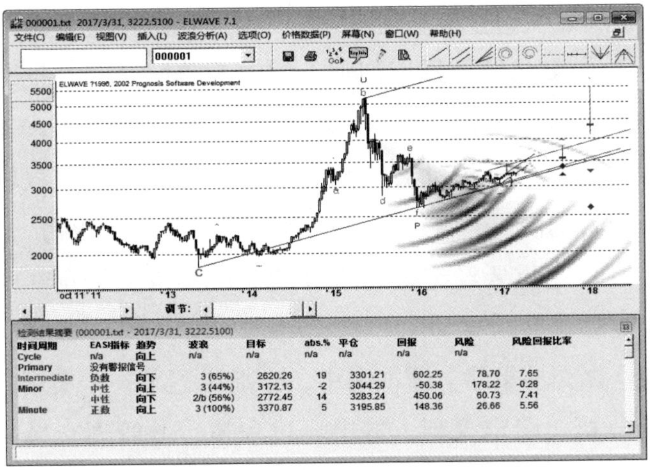

图 7–28　预测目标通道带

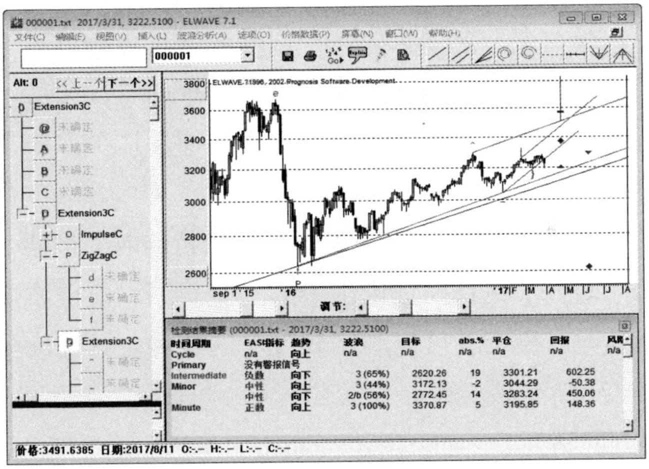

图 7–29　波浪树及检索功能

第 3 节　Dynamic Trader 软件使用简介

1. 软件简介

Dynamic Trader，即动态交易者软件（简称 DT）。软件的开发者罗伯特·C·

迈纳（Robert Miner），他 20 世纪 80 年代中期从事江恩理论、艾略特理论教育工作，是一位著名的交易培训师，同时为美国及海外投资机构提供主流金融市场的每日分析报告。在 90 年代中期，迈纳创立了动态交易集团，来实践他的教育理念，发展动态交易者软件，提供交易课程培训，在世界各地进行关于交易的演讲，并出版了大量关于交易的出版物。

迈纳曾经在一家重要经纪公司举办的年度实盘交易竞赛中获得冠军，并被誉为“年度最佳交易导师”。

他在《高胜算交易策略》这本书中，详细讲述了一个实用的交易计划，涉及市场行为分析、稳定盈利、进出场过程执行并管理交易。这个计划是他在 20 多年杰出的职业生涯中经过不断磨炼，最终形成的一套完整交易方法。该方法可以使投资者在各种各样的市场中，在不同的时间框架下，快速学会如何识别高概率的交易机会，如何准确确定进场价格和止损价格，信心百倍地进行交易，以及如何在交易完全结束前管理交易。随着投资者对书中已被证明了的策略和技术越来越熟悉，使用这个方法不仅可以保全资本，还能实现资本增长。

DT 软件融合了迈纳完整的交易策略，有独特的时间框架、价格形态和动能分析标准，结合了他长期理论学习的经验教训，值得波浪理论技术爱好者深入研究学习。投资者可以利用软件中的各种工具辅助分析决策，在实践中指导自己不断交易获利。

软件的官方网站为 https://www.dynamictraders.com，最新的是 7.0 版本。

2. 数据导入

DT 的数据处理比前面两个软件稍微复杂一些，不过熟练以后也不算难。

打开软件以后，主界面如图 7–30 所示（以 6.2.2 版本为例）。

先进行文件夹管理设置，依次点击软件菜单“File”—“Portfolio Manager”，在弹出的窗口中，点击“ASCII Setup”按钮，如图 7–31 所示。

在弹出的“ASCII Data File Setup”界面上，对要打开的文件格式进行设置。左边用于定位数据文件的位置，右侧是数据的格式。按图 7–32 所示设置详细内容后，点击“Save”按钮保存，随后点击“Close”按钮关闭设置窗口。

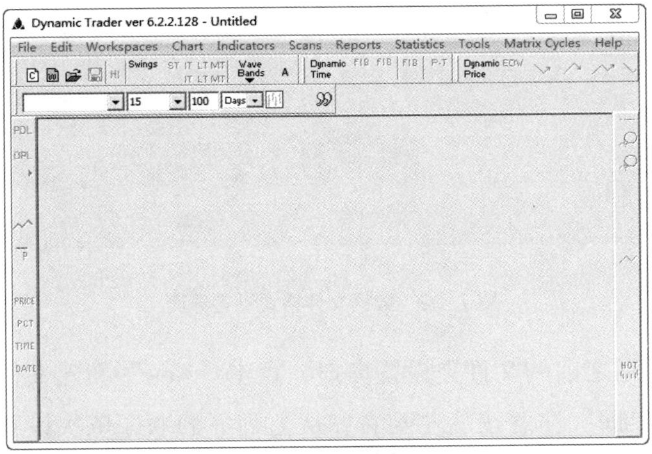

图 7–30　DT 软件主界面

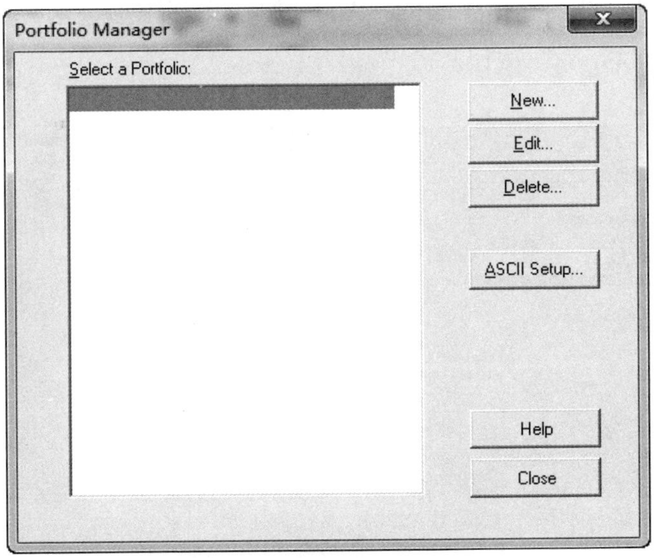

图 7–31　文件夹管理设置界面

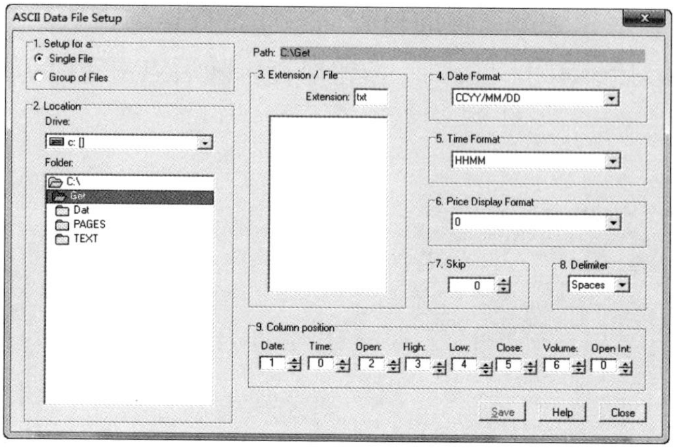

图 7-32　数据文件格式设置界面

这时会回到之前的文件夹设置窗口，点击“New”新建文件夹，出现如图 7-33 所示界面。注意按从左到右，从上到下的顺序依次设置相关内容。软件上也用序数进行标识，1 数据类型选“ASCII”；2 和 3 定位到数据文件的位置，在这里设置到前面章节已经导出的数据文件目录。右侧出现相关文件，选中文件，点击中间的“Add”按钮将其添加进来，然后点击下方的“Save Portfolio As”按钮。

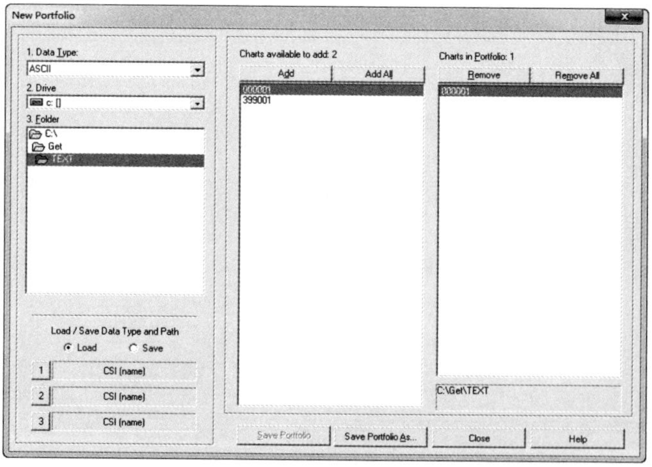

图 7-33　新建文件夹设置界面

在随后弹出的文件夹命名窗口里，输入文件夹名字，比如“MyFolder”，如图 7–34 所示，然后点击“OK”确定按钮。回到之前的窗口，依次点击“Close”关闭窗口，关闭除软件最开始窗口以外的所有设置。

依次点击软件菜单“File”—“New Chart”，出现如图 7–35 所示的窗口。里面已经出现设置好的数据文件，点击“OK”即可打开该代码对应的股票 K 线图，如图 7–36 所示。

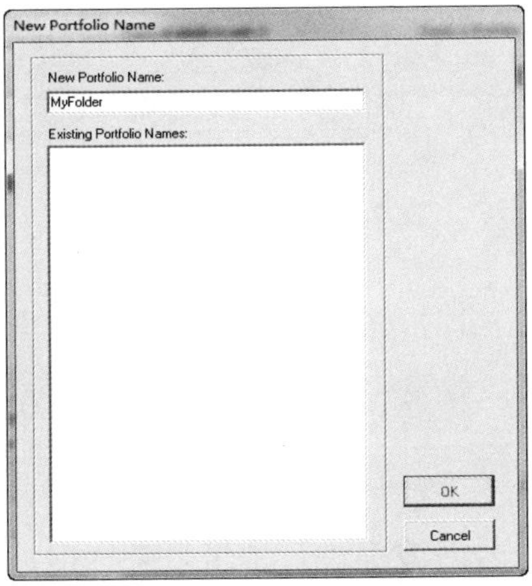

图 7–34　文件夹命名设置界面

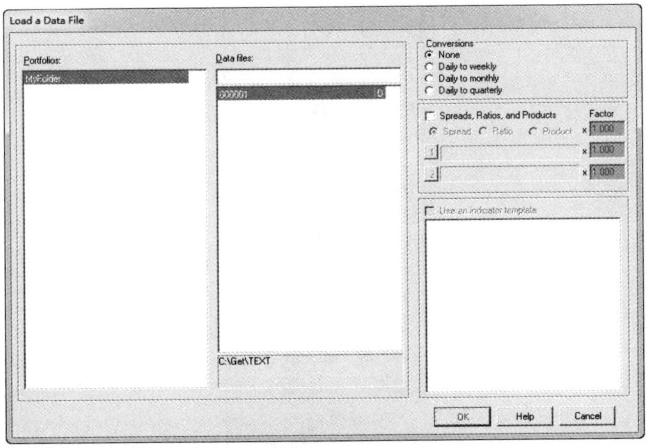

图 7–35　加载数据文件界面

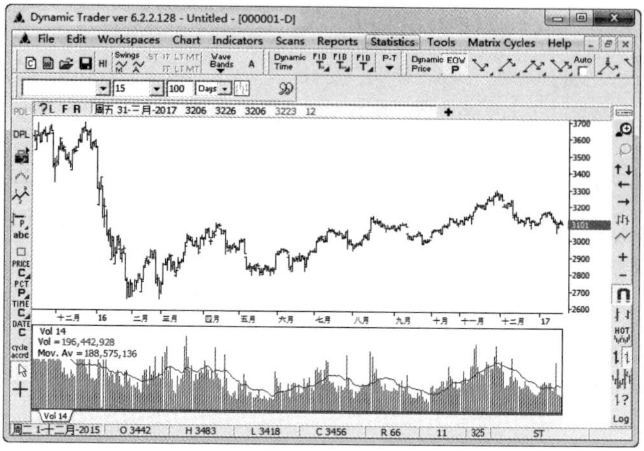

图 7–36　DT 软件主界面

3. 主要功能

☑ 波浪标识

通过内置的强大符号对波浪进行手工复杂标记，如图 7–37 所示。

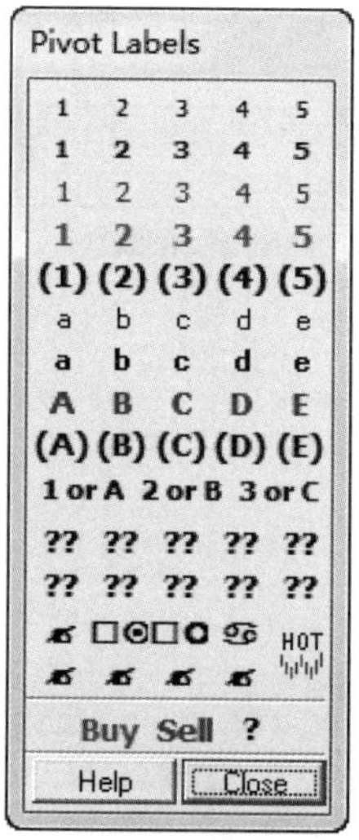

图 7–37　强大的波浪标记符号

☑ 动态时间价格框架标识

利用各种斐波那契数列特性，对行情走势的时间和价位进行预测分析，并且将所有计算出来的相关点位和时间在主图上标识出来，形象直观，容易查找对比。如图 7–38 所示。

图 7–38　时间价格框架

☑ 周期叠加

利用期指、期货各品种等自身不同的时间周期特征，进行叠加显示，从而揭示隐藏在所有市场里的秩序，其效果如图 7–39 所示。可借鉴威尔斯・威尔德（Welles Wilder）的 DELTA 理论，即三角洲理论。该理论认为，每个商品品种都有自身的循环规律，每四个周期 Delta 数列循环一次，而且 Delta 数字出现的位置在每个循环内部是相对稳定的。他利用短期 DELTA、中期 DELTA、长期 DELTA 和超长期 DELTA 周期，预测未来某个时间点市场是否会发生转折。相关书籍有《三角洲理论》（又译《时空之门》）。关于时间周期，在后续“理财学院・智富赢家系列”丛书中也会详细阐述。

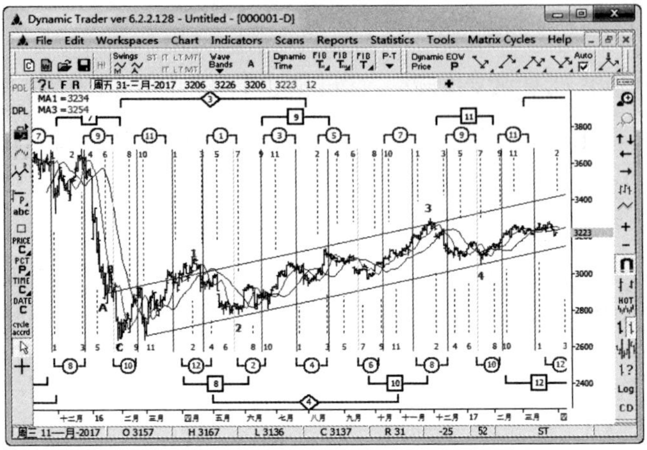

图 7–39　DELTA 周期叠加

参考文献

[1] 刘式达 . 自然科学中的混沌和分形 [M]. 北京：北京大学出版社，2004.

[2] 伯努瓦 •B. 曼德布罗特 . 大自然的分形几何学 [M]. 上海：上海远东出版社，1998.

[3] 詹姆斯 • 格雷克 . 混沌：开创新科学（修订版）[M]. 北京：高等教育出版社，2014.

[4] 弗里德里希 • 克拉默 . 混沌与秩序：生物系统的复杂结构 [M]. 上海：上海世纪出版集团，2010.

[5] 伊利亚 • 普里戈金 . 确定性的终结：时间、混沌与新自然法则 [M]. 上海：上海科技教育出版社，2009.

[6] 埃德加 •E. 彼得斯 . 分形市场分析 [M]. 北京：经济科学出版社，2002.

[7] 迈纳 . 高胜算交易策略 [M]. 张意忠，译 . 沈阳：万卷出版公司，2010.

[8] 威尔斯 • 威尔德 . 三角洲理论：隐藏于市场中的秩序 [M]. 高海嵘，译 . 太原：山西人民出版社，2013.

[9] 朱华 . 分形理论及其应用 [M]. 北京：科学出版社，2011.

[10] 钟云霄 . 混沌与分形浅谈 [M]. 北京：北京大学出版社，2010.

[11] 彼得斯 . 资本市场的混沌与秩序 [M]. 北京：经济科学出版社，1999.

[12] 王都发 . 股市中的神奇数字 [M]. 北京：经济管理出版社，2005.

[13] 肖晓 . 艾略特波浪理论在中国股市的实战 [M]. 北京：中国铁道出版社，2012.

[14] 黄凤祁 . 波浪理论盈利实战 [M]. 北京：经济管理出版社，2013.

[15] R.N. 艾略特 . 艾略特波浪理论：自然法则 [M]. 何君，译 . 北京：地震出版社，2012.

[16] 小罗伯特 •R. 普莱切特 . 艾略特波浪理论：市场行为的关键 [M]. 陈鑫，译 . 北京：机械工业出版社，2010.

[17] 何造中 . 江恩数字与几何学 [M]. 北京：机械工业出版社，2007.

附 录

附录 1　艾略特大事年表

◆ 1871 年，拉尔夫·纳尔逊·艾略特出生在美国堪萨斯州的玛丽斯维利镇，而后全家向东搬迁了几百英里，到达伊利诺斯州的费里伯里，在那里艾略特度过了早期的孩提时代。

◆ 1880 年末，艾略特与他的父母和姐姐搬到得克萨斯州的圣安东尼奥。在十几岁的时候，他学会流利地读写西班牙语，并爱上墨西哥。年轻的时候，艾略特曾经数次去墨西哥游览，而且实际上在 15 ~ 16 岁的时候生活在那里。

◆ 1891 年，艾略特在北美铁路兴盛的高潮中去墨西哥的铁路上工作，他被雇为巡道员、列车调度员、速记员、电报操作员和火车站管理人。

◆ 1896 年，艾略特开始从事会计职业，专门发展出铁路会计。在随后的 25 年中，艾略特曾在几家股份公司供职，主要是墨西哥、中美洲和南美的公司中，其中许多公司为美国人所有。在这些地方生活的 30 年中，艾略特逐渐熟悉了各个阶层人民的生活。

◆ 50 岁出头的艾略特在纽约市有一处新营运基地，在接下来的 7 年中，他有一张相当繁忙的时间表。

◆ 1902 年或 1903 年的 9 月 3 日，艾略特与玛丽·伊丽莎白·菲兹帕特里克成婚。

◆ 1916 年，艾略特回到加利福尼亚的洛杉矶。在随后的 4 年中，他曾经两次变换工作，研究了另两份工作，而且几次计划返回拉丁美洲。艾略特在这个时期的主要目标是干他喜欢的工作，而且回到他度过了大部分成年生活的地方。艾略特再次决定专注某一行业，为了响应新流行的行业，他很快建立起第二种专长，当起了餐馆、自助餐厅和茶室的业务顾问。他显示出常有的活力，而且在这个过程中进一步提高了他的专业地位。

◆ 1925 年，艾略特被雇用为中美洲国际铁路公司的总审计师，这是艾略特的最后一个专业职位。在此期间，艾略特写了一本 176 页的综合著作，名为《茶室与自助餐厅的管理》，这是他早期杂志文章的延伸。这本书的出版宣布艾略特决意恢复作为餐馆管理专家的职业，因此他开始进行相应的规划。

◆ 1927 年，艾略特发给美国国务院一份《拉丁美洲的未来》的文件，《拉丁美洲的未来》主要目的在于揭示了这样一种见解，对于解决主要难点或困境这个目标来说，既吸收大量的细节，同时又纵观全局，这是发现并编撰波浪理论的必备能力。艾略特在致力于撰写《拉丁美洲的未来》的同时，结束了他在那个地区的职业生涯。

◆飙升牛市的波峰年，以及紧接着出现的历史上最惊人的熊市扣杀，这些事件点燃了艾略特的兴趣，他阅读了罗伯特•雷亚在 1932 年撰写的《道氏理论》一书。

◆ 1932 年，艾略特开始将他所有的注意力转向研究股票市场的行为。几年来，他通过研究，提出了股票市场行为的波浪理论。艾略特研究了 75 年来股票市场各种不同指数的年走势图、月走势图、日走势图和小时走势图。他从 1932 年 10 月 5 日开始的道琼斯工业平均指数的数据中构建了小时走势图，并从他在一家经纪行的交易室的价格带中收集的数值构建了半小时走势图。

◆ 1934 年 5 月，就在他最后一次与死亡冲突的两个月之后，艾略特对总体市场行为的大量观察开始一同归结到了一套通用的理论，这个理论可以应用于股票价格平均指数的所有浪级的波浪运动。

◆ 1938 年，艾略特潜心于波浪理论。

◆ 1939 年，在《金融世界》文章出版之后，艾略特还是深入撰写波浪理论的各个技术方面以及更加广泛预测的后续文章，他将波浪理论从市场行为模式的详尽分类提升到了人类总体行为的广泛理论，这个理论在经济学与社会学领域中独树一帜。

◆ 20 世纪 40 年代早期，艾略特已经建立起了他的概念，也就是人类情绪与活动的潮涨潮落受自然法则的支配。

◆艾略特后来的《教育简报》根据他的论题进一步扩展，因为他有了新观察和新观念。这些论题包括“技术特征”“交替”“波浪后理论基础”“持续期或时间要素”“膨胀”“运动法则”以及“自然法则”。

◆ 1945 年，艾略特写了最后一份《研判通讯》，并把剩下来的年景和 1946 年的头 5 个月花在他显然认为是自己的权威著作上，即《自然法则——宇宙的秘密》。这部专论包括了艾略特关于波浪理论的所有想法。

◆ 1948 年 1 月 15 日，艾略特因慢性心肌炎与世长辞。

附录 2 艾略特波浪理论相关著作

《艾略特波浪理论：市场行为的关键（二十周年纪念版）》（机械工业出版社）

《艾略特名著集（权威珍藏版）》（机械工业出版社）

《波浪理论（专业解读版）》（人民邮电出版社）

《艾略特波浪理论——自然法则》（地震出版社）

《艾略特波浪理论全集》（法律出版社）

《波浪原理高级教程》（陕西人民出版社）

附录 3　黄金分割数

黄金分割数是无理数，确切值为$(\sqrt{5}+1)/2$，前面的 1024 位为：

0.618033988 74989484820 4586834365 6381177203 0917980576 2862135448
6227052604 6281890244 9707207204 1893911374 8475408807 5386891752
1266338622 2353693179 3180060766 7263544333 8908659593 9582905638
3226613199 2829026788 0675208766 8925017116 9620703222 1043216269
5486262963 1361443814 9758701220 3408058879 5445474924 6185695364
8644492410 4432077134 4947049565 8467885098 7433944221 2544877066
4780915884 6074998871 2400765217 0575179788 3416625624 9407589069
7040002812 1042762177 1117778053 1531714101 1704666599 1466979873
1761356006 7087480710 1317952368 9427521948 4353056783 0022878569
9782977834 7845878228 9110976250 0302696156 1700250464 3382437764
8610283831 2683303724 2926752631 1653392473 1671112115 8818638513
3162038400 5222165791 2866752946 5490681131 7159934323 5973494985
0904094762 1322298101 7261070596 1164562990 9816290555 2085247903
5240602017 2799747175 3427775927 7862561943 2082750513 1218156285
5122248093 9471234145 1702237358 0577278616 0086883829 5230459264
7878017889 9219902707 7690389532 1968198615 1437803149 9741106926
0886742962 2675756052 3172777520 3536139362 1076738937 6455606060
5921658946 6759551900 4005559089 5022953094 2312482355 2122124154
4400647034 0565734797 6639723949 4994658457 8873039623 0903750339
9385621024 3690285138 6804145779 9569812244 5747178034 1731264532
2041639723 2134044449 4873023154 1767689375 2103068737 8803441700

9395440962 7955898678 7232095124 2689355730 9704509595 6844017555
1988192180 2064052905 5189349475 9260073485 2282101088 1946445442
2231889131 9294689622 0023014437 7026992300 7803085261 1807545192
8877050210 9684249362 7135925187 6077788466 5836150238 9134933331
2231053392 3213624319 2637289106 7050339928 2265263556 2090297986
4247275977 2565508615 4875435748 2647181414 5127000602 3890162077
7322449943 5308899909 5016803281 1219432048 1964387675 8633147985
7191139781 5397807476 1507722117 5082694586 3932045652 0989698555
6781410696 8372884058 7461033781 0544439094 3683583581 3811311689
9385557697 5484149144 5341509129 5407005019 4775486163 0754226417
2939468036 7319805861 8339183285 9913039607 2014455950 4497792120
7612478564 5916160837 0594987860 0697018940 9886400764 4361709334
1727091914 33650137…

附录 4　波浪理论口诀

口诀一：

一三五浪可加长，每段细分五小浪；
另有等长九段波，顶底不连通道长；
三三相隔十五段，五三交错亦寻常；
波起浪伏有形状，常见上斜与扩张；
喇叭斜三现一浪，二浪之后走势强；
五浪若是此模样，分批减磅远危墙；
A 浪止住回头看，A3A5 不一样；
三波之字双回撤，五波右肩做 B 浪；
回撤二次分三五，三波弱来五波强；
B 浪右肩 a-b-c，轻仓快手捕长阳。

口诀二：

调整浪型有三种，之字平坦三角型；
之字三段 a b c，5-3-5 浪要记清；
特殊情况双之字，七波两个之字体；
平坦都是三三五，略与之字有不同；
九种变形不复杂，区别尽在 BC 中。

口诀三：

无论直三与斜三，浪型间隔皆 3-3；
不管扩张与收缩，万变不离是五波；
三角整理四形态，怎么进去，怎么出来。

口诀四：

双三特例七段波，两波调整来组合；

待到整固突破后，上下波澜皆壮阔。

口诀一详解：

一三五浪可加长，每段细分五小浪。

指的是推动浪的第一子浪、第三子浪和第五子浪都可能有扩展形态，但有几个注意事项。

第一，若一子浪加长，即一子浪扩展，则三子浪和五子浪等长。

第二，若三子浪加长，即三子浪扩展，则一子浪和五子浪等长。

第三，若五子浪加长，即五子浪扩展，则一子浪和三子浪等长。

另有等长九段波，顶底不连通道长。

这段口诀的意思是说，除了前面讲到的三种推动浪形态以外，还有一种特殊的浪型，这种浪型的特点如下。

第一，该浪分为九个子浪。

第二，一子浪，三子浪，五子浪，七子浪，九子浪全部等长。

第三，四子浪底不破一子浪头，同样，六底不破三头，八底不破五头，即所谓“顶底不连”。

三三相隔十五段，五三交错亦寻常。

这句话的含义为，五浪形式的推动浪，都有十五个子浪（5+5+5=15）。九浪推动，则是二十七个子浪（3×9=27）。

“三三相隔”和“五三交错”指的是，推动浪并不只是前面四种形态，还有很多种，但浪型只有两种，即所有子浪都由三个细浪组成或所有子浪都由三个细浪与五个细浪间隔组成。

波起浪伏有形状，常见上斜与扩张。

这一句的意思是说，上升楔型（即上斜三角型）和喇叭型（即扩张三角型）

是两种很常见的浪型。

喇叭斜三现一浪，二浪之后走势强；

五浪若是此模样，分批减磅远危墙。

这两句口诀比较重要，请大家好好体会！

这个口诀的意思是说，如果喇叭（扩张三角型）或者上升楔型出现在第一浪中，那么后面会有一个很凶悍的二浪回调。但经过此波回调之后的三浪，走势将异常凌厉和凶猛！如果喇叭型（扩张三角型）或者上升楔型出现在第五浪中，那么就要高度警惕了，因为后面紧跟着的将是直线下跌！

A 浪止住回头看，A3A5 不一样。

这句话的意思是指，上升五浪退出之后，会有调整浪 A 出现。这个调整浪 A 要分清它是由五个子浪组成还是由三个子浪组成，这一点很重要。

三波之字双回撤，五波右肩做 B 浪。

这句话的意思是说，如果调整浪 A 以三波段形式出现，其后的走势将是“双回撤”。如果调整浪 A 以五波段形式出现，其后的走势将是“B 浪反弹”。

注意：前面这段话有一个前提条件，就是前面上升浪中的第五浪必须是扩展浪（即前文所说的“五浪加长”）。

回撤二次分三五，三波弱来五波强。

所谓“双回撤”，指的是两个过程，A 浪属于第一次回撤，其后的反弹是第二次回撤，并称“双回撤”。

要大家区分 A 浪是由三段还是五段组成，道理就在这里，因为只有三段组成的 A 浪才有“双回撤”，五浪组成的 A 浪后面一定是 B 浪反弹。两者的区别在于，“双回撤”之后可能会创新高，有展开新升浪的可能，而 B 浪反弹后面，紧跟着的一定是凶狠的 C 浪下跌。

假设 A 浪是由三段组成，那么在 A 浪退出之后的第二次回撤（即向前五浪顶的回试）也有个强弱的问题。一般来说，如果 A 浪退出之后的第二次回撤由三段组成，那么它的走势就比较弱，过五浪顶的几率很小（很小不等于没有）。反之，如果第二次回撤由五段组成，那么破五浪顶形成新升浪的可能性就非常大！

B 浪右肩 a–b–c，轻仓快手捕长阳。

这句话的意思很简单，如果 A 浪由 5 段组成，基本已经确定后面只是 B 浪反弹，不太可能创出新高（在江恩的波浪观中，B 浪有时候也会创新高）。此时大的升浪已经走完，可以以较轻的仓位去抢一下反弹，但切记要快进快出。这个时候的阳线一般比较长，但持续时间短（因为主力要引诱人在高位接盘），比较适合短线快手操作！

口诀二详解：

调整浪型有三种，之字平坦三角型；
之字三段 a b c，5–3–5 浪要记清。

调整浪的浪型分为三种，即之字体、平坦型、三角型整理，这个是常识。重要的是后面这一句，意思是说，调整浪是对主要趋势的反方向修正，在之字体整理中，a 段和 c 段与主趋势方向相反，b 段和主趋势方向相同，a 段和 c 段都由 5 个小浪组成，b 段由 3 个小浪组成。

特殊情况双之字，七波两个之字体。

所谓“双之字”型，指的是一个“之字体”调整之后有一个“x”浪，其后会再出现一个“之字体”调整浪，加在一起以七浪的复杂形式完成调整（这种浪型不是很常见，多见于大熊股中）。这种浪型的结构是 a（5）+b（3）+c（5）+X+a（5）+b（3）+c（5）。

平坦都是三三五，略与之字有不同；
九种变形不复杂，区别尽在 BC 中。

这一部分是重点，平坦型整理的浪型结构是 a（3）+b（3）+c（5）。
平坦型整理的九种方式分别如下。

（1）穿头破底型。

（2）穿头平底型。

（3）穿头藏底型。

（4）平头破底型。

（5）平头平底型。

（6）平头藏底型。

（7）缩头破底型。

（8）缩头平底型。

（9）缩头藏底型。

注意：穿头破底型的平坦型整理后面的拉升力度最大。

口诀三详解：

意思非常简单，三角型整理分为直角三角型、斜三角型、扩张三角型和收敛三角型四种整理方式。这四种方式有一个共性，即都由 a、b、c、d、e 五个子浪组成，每个子浪又都是由三个更低级别的小浪构成。口诀的重点不在这里，重点在最后一句“怎么进去的怎么出来”，它告诉了我们怎样判断三角形整理的突破方向。一般来说，三角形整理完毕之后，突破方向都和整理前的大趋势相同，即与五个子浪中的 a 子浪方向相反。

口诀四详解：

意思非常简单，所谓“双三”整理，指的是两个三浪整理用一个“X”浪相连接，共同构成一个七浪结构的调整浪。这两个三浪整理可以是之字体整理，也可以是平坦型整理或者三角型整理，可以任意组合。需要注意的是，这个整理过程非常漫长，一旦整理完毕，就会将整理之前的趋势进行放大。也就是说，整理之前是上升趋势，则整理后有暴涨。反之，下降趋势中的“双三”整理，则孕育着暴跌！还有更特殊的“三三”整理，整理后的趋势会更加强烈，大牛股或大熊股往往从这样的形态里面出现。

附录 5　通达信波浪尺主图公式

（可在中国宇航出版社官网下载，网址 http://down.caphbook.com）

```
参数
{高点 1 9999 10}
{低点 1 9999 10}
{波浪尺 1  0 9999 0}
{波浪尺 2  1 999 1}

高点选择 :=1;
低点选择 :=1;

PURC:=CONST(FINDHIGH(H,0, 高点 *10, 高点选择 ));
PLZ:=CONST(BARSLAST(PURC=H))+1;
顶 X:=CONST(IF(PLZ=1,H,REF(H,PLZ-1)));
QQT:=CONST(FINDLOW(L,0, 低点 *10, 低点选择 ));
PLL:=CONST(BARSLAST(QQT=L))+1;
低 X:=CONST(IF(PLL=1,L,REF(L,PLL-1)));
DRAWKLINE(H,O,L,C);

顶点 : 顶 X,COLORRED;
底点 : 低 X,COLORRED;

波动速率 :=100*(( 顶 X- 低 X)/(IF(PLL>PLZ, 低 X, 顶 X)))/(PLL-PLZ),NODRAW,
COLORMAGENTA;
```

```
波动幅度 :=(( 顶 X- 低 X)/(IF(PLL>PLZ, 低 X, 顶 X)))*100;
波动价位 :=( 顶 X- 低 X)*(IF(PLL>PLZ,1,-1));

BPURC:=CONST(FINDHIGH(H,0,(IF( 波浪尺 1>0, 波浪尺 1,IF(PLZ<PLL, 高点 , 低点 )))*5, 波浪尺 2));
BPLZ:=CONST(BARSLAST(BPURC=H))+1;
BQQT:=CONST(FINDLOW(L,0,(IF( 波浪尺 1>0, 波浪尺 1,IF(PLZ<PLL, 高点 , 低点 )))*5, 波浪尺 2));
BPLL:=CONST(BARSLAST(BQQT=L))+1;

BLC1:=CONST(FINDHIGH(H,0,(IF( 波浪尺 1>0, 波浪尺 1,IF(PLZ<PLL, 高点 , 低点 )))*5, 波浪尺 2));
BLC2:=CONST(BARSLAST(BPURC=H))+1;
BLC 顶 X:=CONST(IF(BPLZ=1,H,REF(H,BPLZ-1)));
BLC3:=CONST(FINDLOW(L,0,(IF( 波浪尺 1>0, 波浪尺 1,IF(PLZ<PLL, 高点 , 低点 )))*5, 波浪尺 2));
B6C4:=CONST(BARSLAST(BQQT=L))+1;
BLC 低 X:=CONST(IF(BPLL=1,L,REF(L,BPLL-1)));
BASE:=IF( 波动速率 <0,BLC 顶 X,BLC 低 X)COLORRED;
BLCX:=IF( 波动速率 <0,-1,1);
BLCZ:=( 顶点 - 底点 )*(IF(PLL>PLZ,1,-1));

B618:=BASE+(BLCZ*0.618)COLORRED,DOTLINE;
B382:=BASE+(BLCZ*0.382)COLORRED,DOTLINE;
B05:=BASE+(BLCZ*0.5)COLORRED,DOTLINE;
B809:=BASE+(BLCZ*0.809)COLORRED,DOTLINE;
B191:=BASE+(BLCZ*0.191)COLORRED,DOTLINE;
```

```
B100:=BASE+(BLCZ*1)COLORRED;
B200:=BASE+(BLCZ*2)COLORRED;
B11:=BASE+(BLCZ*1.191)COLORRED;
B12:=BASE+(BLCZ*1.382)COLORRED;
B13:=BASE+(BLCZ*1.5)COLORRED;
B14:=BASE+(BLCZ*1.618)COLORRED;
B15:=BASE+(BLCZ*1.809)COLORRED;

BZ1:=BASE+(BLCZ*0.236)COLORRED;
BZ2:=BASE+(BLCZ*1.236)COLORRED;
BZ3:=BASE+(BLCZ*2.236)COLORRED;

B11B:=BASE+(BLCZ*2.191)COLORRED;
B12B:=BASE+(BLCZ*2.382)COLORRED;
B13B:=BASE+(BLCZ*2.5)COLORRED;
B14B:=BASE+(BLCZ*2.618)COLORRED;
B15B:=BASE+(BLCZ*2.809)COLORRED;

B300:=BASE+(BLCZ*3)COLORRED;

XZDD:=IF(PLL>PLZ,BPLL,BPLZ);
STICKLINE(CURRBARSCOUNT=XZDD ,BASE,B300,0,0),COLORRED;
DRAWTEXT(CURRBARSCOUNT=XZDD,B05,'---------0.500')COLORRED;
DRAWTEXT(CURRBARSCOUNT=XZDD,BASE,'---------BASE')
COLORRED;
DRAWTEXT(CURRBARSCOUNT=XZDD,B618,'---------0.618')
COLORRED;
```

```
DRAWTEXT(CURRBARSCOUNT=XZDD,B809,'----------0.809')
COLORRED;
DRAWTEXT(CURRBARSCOUNT=XZDD,B382,'----------0.382')
COLORRED;
DRAWTEXT(CURRBARSCOUNT=XZDD,B191,'----------0.191')
COLORRED;
DRAWTEXT(CURRBARSCOUNT=XZDD,B100,'----------1.000')
COLORRED;

DRAWTEXT(CURRBARSCOUNT=XZDD,B11,'----------1.191')COLORRED;
DRAWTEXT(CURRBARSCOUNT=XZDD,B12,'----------1.382')COLORRED;
DRAWTEXT(CURRBARSCOUNT=XZDD,B13,'----------1.500')COLORRED;
DRAWTEXT(CURRBARSCOUNT=XZDD,B14,'----------1.618')COLORRED;
DRAWTEXT(CURRBARSCOUNT=XZDD,B15,'----------1.809')COLORRED;
DRAWTEXT(CURRBARSCOUNT=XZDD,B200,'----------2.000')
COLORRED;

DRAWTEXT(CURRBARSCOUNT=XZDD,B11B,'----------2.191')
COLORRED;
DRAWTEXT(CURRBARSCOUNT=XZDD,B12B,'----------2.382')
COLORRED;
DRAWTEXT(CURRBARSCOUNT=XZDD,B13B,'----------2.500')
COLORRED;
DRAWTEXT(CURRBARSCOUNT=XZDD,B14B,'----------2.618')
COLORRED;
DRAWTEXT(CURRBARSCOUNT=XZDD,B15B,'----------2.809')
COLORRED;
DRAWTEXT(CURRBARSCOUNT=XZDD,B300,'----------3.000')
```

```
COLORRED;
    DRAWTEXT(CURRBARSCOUNT=XZDD,BZ1,' ---------0.236' )COLORRED;
    DRAWTEXT(CURRBARSCOUNT=XZDD,BZ2,' ---------1.236' )COLORRED;
    DRAWTEXT(CURRBARSCOUNT=XZDD,BZ3,' ---------2.236' )COLORRED;

    QADQ:=IF(PLL>PLZ,PLL,PLZ);
    QADH:=IF(PLL>PLZ,PLZ,PLL);
    QHL1:=IF(PLL>PLZ,L,H);
    QHL2:=IF(PLL>PLZ,H,L);

    DRAWLINE(CURRBARSCOUNT=QADQ,QHL1,CURRBARSCOUNT=QADH,Q
HL2,0)COLORRED;
    DRAWLINE(CURRBARSCOUNT=QADH,QHL2,CURRBARSCOUNT=XZDD,Q
HL1,0)COLORRED;
```

附录 6 通达信自动数浪主图公式

（可在中国宇航出版社官网下载，网址 http://down.caphbook.com）

```
PL5:=ZIG(3,5);
EN1:=ZIG(3,5)>REF(ZIG(3,5),1) AND REF(ZIG(3,5),1)<=REF(ZIG(3,5),2) AND REF(ZIG(3,5),2)<=REF(ZIG(3,5),3);
EX1:=ZIG(3,5)<REF(ZIG(3,5),1) AND REF(ZIG(3,5),1)>=REF(ZIG(3,5),2) AND REF(ZIG(3,5),2)>=REF(ZIG(3,5),3);
PL10:=ZIG(3,13);
EN2:=ZIG(3,10)>REF(ZIG(3,10),1) AND REF(ZIG(3,10),1)<=REF(ZIG(3,10),2) AND REF(ZIG(3,10),2)<=REF(ZIG(3,10),3);
EX2:=ZIG(3,10)<REF(ZIG(3,10),1) AND REF(ZIG(3,10),1)>=REF(ZIG(3,10),2) AND REF(ZIG(3,10),2)>=REF(ZIG(3,10),3);
PL20:=ZIG(3,26);
EN3:=ZIG(3,20)>REF(ZIG(3,20),1) AND REF(ZIG(3,20),1)<=REF(ZIG(3,20),2) AND REF(ZIG(3,20),2)<=REF(ZIG(3,20),3);
EX3:=ZIG(3,20)<REF(ZIG(3,20),1) AND REF(ZIG(3,20),1)>=REF(ZIG(3,20),2) AND REF(ZIG(3,20),2)>=REF(ZIG(3,20),3);
PL40:=ZIG(3,55);
走强一 :=BARSLAST(PL5<REF(PL5,1));
走弱一 :=BARSLAST(PL5>REF(PL5,1));
走强二 :=BARSLAST(PL10<REF(PL10,1));
走弱二 :=BARSLAST(PL10>REF(PL10,1));
走强三 :=BARSLAST(PL20<REF(PL20,1));
走弱三 :=BARSLAST(PL20>REF(PL20,1));
```

```
ZTJZ5:=IF(PL10>REF(PL10,1),COUNT(EN1, 走强二 ),0);
ZTJD5:=IF(PL10>REF(PL10,1),COUNT(EX1, 走强二 ),0);
DTJZ5:=IF(PL10<REF(PL10,1),COUNT(EN1, 走弱二 ),0);
DTJD5:=IF(PL10<REF(PL10,1),COUNT(EX1, 走弱二 ),0);
ZTJZ10:=IF(PL20>REF(PL20,1),COUNT(EN2, 走强三 ),0);
ZTJD10:=IF(PL20>REF(PL20,1),COUNT(EX2, 走强三 ),0);
DTJZ10:=IF(PL20<REF(PL20,1),COUNT(EN2, 走弱三 ),0);
DTJD10:=IF(PL20<REF(PL20,1),COUNT(EX2, 走弱三 ),0);
DRAWTEXT(EN1 AND DTJZ5=1,LOW*0.98,’（Ⅰ)'),COLORFFFF00;
DRAWTEXT(EX1 AND DTJD5=2,HIGH*1.02,’（Ⅱ)'),COLORFFFF00;
DRAWTEXT(EN2 AND ZTJZ5=1,LOW*0.98,’（Ⅲ)'),COLORFFFF00;
DRAWTEXT(EX1 AND PL10>REF(PL10,1) AND ZTJD5=1,HIGH*1.02,’⑴'),COLOR0000FF;
DRAWTEXT(EN1 AND PL10>REF(PL10,1) AND ZTJZ5=2,LOW*0.98,’⑵'),COLOR0000FF;
DRAWTEXT(EX1 AND PL10>REF(PL10,1) AND ZTJZ5=2,HIGH*1.02,’⑶'),COLOR0000FF;
DRAWTEXT(EN1 AND PL10>REF(PL10,1) AND ZTJZ5=3,LOW*0.98,’⑷'),COLOR0000FF;
DRAWTEXT(EX2 AND PL20>REF(PL20,1) AND ZTJD10=1,HIGH*1.02,’⑸'),COLOR0000FF;
DRAWTEXT(EN2 AND DTJZ10=1,LOW*0.94,’【A】'),COLOR00FF00;
DRAWTEXT(EX2 AND DTJD10=2,HIGH*1.03,’【B】'),COLOR00FF00;
DRAWTEXT(EN3 AND ZTJZ10=1,LOW*0.94,’【C】'),COLOR00FF00;
DRAWTEXT(EX2 AND PL20>REF(PL20,1) AND ZTJD10=1,HIGH*1.04,’①'),LINETHICK3,COLOR00FFFF;
DRAWTEXT(EN2 AND PL20>REF(PL20,1) AND ZTJZ10=2,LOW*0.94,’②'),LINETHICK3,COLOR00FFFF;
```

```
DRAWTEXT(EX2 AND PL20>REF(PL20,1) AND ZTJD10=2 OR (ZTJD10=0 OR ZTJD10=2) AND EX2,HIGH*1.04,' ③ '),LINETHICK3,COLOR00FFFF;
DRAWTEXT(EN2 AND PL20>REF(PL20,1) AND ZTJZ10=3,LOW*0.94,' ④ '),LINETHICK3,COLOR00FFFF;
DMLJ:=HHV(HIGH,120);
TY:=CLOSE;
HD:=FILTER(BACKSET(FILTER(REF(TY,10)=HHV(TY,2*10+1),10),10+1),10);
LD:=FILTER(BACKSET(FILTER(REF(TY,10)=LLV(TY,2*10+1),10),10+1),10);
A:=REF(CLOSE,BARSLAST(HD));
B:=REF(CLOSE,BARSLAST(LD));
T1:=BARSLAST(HD)<BARSLAST(LD) AND NOT(HD) ;
T2:=BARSLAST(HD)>BARSLAST(LD) AND NOT(LD);
波浪顶 :IF(T1,A,A),COLORFF00FF,POINTDOT,LINETHICK2;
STICKLINE(T1,A,A,9,0),COLORFF00FF;
波浪底 :IF(T2,B,B),COLOR80FF00,POINTDOT,LINETHICK2;
VAR3:=LLV(HIGH,240);
VAR4:=100*(CLOSE-VAR3)/VAR3;
VAR5:=(CLOSE-LLV(LOW,528))/(HHV(HIGH,528)-LLV(LOW,528))*100;
VAR6:=(CLOSE-LLV(CLOSE,530))/(HHV(CLOSE,530)-LLV(CLOSE,530))*100;
VAR7:=0;
VAR8:=MA(HHV(CLOSE-REF(CLOSE,1),0),34)/MA(ABS(CLOSE-REF(CLOSE,1)),7)*100;
VAR9:=MA(HHV(CLOSE-REF(CLOSE,1),0),13)/MA(ABS(CLOSE-REF(CLOSE,1)),13)*100;
VARA:=BARSCOUNT(CLOSE);
VARB:=VAR8<20 AND VAR9<23 AND VARA>35;
VARC:=VARB AND COUNT(VARB,1)=1;
VARD:=EMA(CLOSE,21)-EMA(CLOSE,8);
```

```
VARE:=EMA(VARD,5);
VARF:=TROUGH(3,6,1)<4 AND CROSS(VARD,VARE);
VAR10:=IF(TROUGH(3,16,1)=0 AND HIGH>LOW+0.04,4,0);
VAR11:=ZIG(3,6)>REF(ZIG(3,6),1) AND REF(ZIG(3,6),1)<=REF(ZIG(3,6),2) AND
REF(ZIG(3,6),2)<=REF(ZIG(3,6),3);
VAR12:=ZIG(3,6)<REF(ZIG(3,6),1) AND REF(ZIG(3,6),1)>=REF(ZIG(3,6),2) AND
REF(ZIG(3,6),2)>=REF(ZIG(3,6),3);
VAR13:=ZIG(3,22)>REF(ZIG(3,22),1) AND REF(ZIG(3,22),1)<=REF(ZIG(3,22),2)
AND
REF(ZIG(3,22),2)<=REF(ZIG(3,22),3);
VAR14:=ZIG(3,22)<REF(ZIG(3,22),1) AND REF(ZIG(3,22),1)>=REF(ZIG(3,22),2)
AND
REF(ZIG(3,22),2)>=REF(ZIG(3,22),3);
VAR15:=ZIG(3,51)>REF(ZIG(3,51),1) AND REF(ZIG(3,51),1)<=REF(ZIG(3,51),2)
AND
REF(ZIG(3,51),2)<=REF(ZIG(3,51),3);
VAR16:=ZIG(3,51)<REF(ZIG(3,51),1) AND REF(ZIG(3,51),1)>=REF(ZIG(3,51),2)
AND
REF(ZIG(3,51),2)>=REF(ZIG(3,51),3);
VAR17:=ZIG(3,72)>REF(ZIG(3,72),1) AND REF(ZIG(3,72),1)<=REF(ZIG(3,72),2)
AND
REF(ZIG(3,72),2)<=REF(ZIG(3,72),3);
VAR18:=ZIG(3,72)<REF(ZIG(3,72),1) AND REF(ZIG(3,72),1)>=REF(ZIG(3,72),2)
AND
REF(ZIG(3,72),2)>=REF(ZIG(3,72),3);
VAR19:=EMA(CLOSE,2)-EMA(CLOSE,150);
VAR1A:=EMA(VAR19,100);
VAR1B:=2*(VAR19-VAR1A);
```

```
VAR1C:=POW(VAR1B,3)*0.1+POW(VAR1B,1);
VAR1D:=SQRT(SQRT(LOW*HIGH*OPEN*CLOSE));
VAR1E:=EMA(VAR1D*0.97,3);
VAR1F:=(HIGH+LOW+CLOSE)/3;
VAR20:=(VAR1F-MA(VAR1F,14))/(0.015*AVEDEV(VAR1F,14));
VAR21:=CROSS(VAR1E,LOW);
买点一 :=VAR10;
买点二 :=(VAR11+VAR13+VAR15+VAR17);
卖点一 :=(VAR12+VAR14+VAR16+VAR18);
VAR22:= 买点一 AND VARF AND VARC AND VAR21 AND VAR4<0 AND VAR5
=0 AND VAR6=0 AND VAR20<(-110);
VAR1:=MA(CLOSE,6);
VAR2:=MA(CLOSE,18);
VAR31:=MA(CLOSE,30);
VARB1:=SUM(CLOSE*VOL*100,28)/SUM(VOL*100,28);
VARC1:=INTPART(VARB1*100)/100;
VARD1:=EMA(CLOSE,5)-EMA(CLOSE,10);
VARE1:=EMA(VARD1,9);
VAR131:=REF(VARE1,1);
VAR141:=VARE1;
VAR151:=VAR141-VAR131;
VAR161:=REF(VARD1,1);
VAR171:=VARD1;
VAR181:=VAR171-VAR161;
VAR191:=OPEN;
VAR1A1:=CLOSE;
DRAWTEXT( 买点一 >0,LOW-0.01,' ▲买 !'),COLORRED;
```

附录 7　大智慧新一代自动数浪主图公式

（可在中国宇航出版社官网下载，网址 http://down.caphbook.com）

```
pl5:=zig(3,5);
en1:=zig(3,5)>ref(zig(3,5),1) and ref(zig(3,5),1)<=ref(zig(3,5),2) and ref(zig(3,5),2)<=ref(zig(3,5),3);
ex1:=zig(3,5)<ref(zig(3,5),1) and ref(zig(3,5),1)>=ref(zig(3,5),2) and ref(zig(3,5),2)>=ref(zig(3,5),3);
pl10:=zig(3,13);
en2:=zig(3,10)>ref(zig(3,10),1) and ref(zig(3,10),1)<=ref(zig(3,10),2) and ref(zig(3,10),2)<=ref(zig(3,10),3);
ex2:=zig(3,10)<ref(zig(3,10),1) and ref(zig(3,10),1)>=ref(zig(3,10),2) and ref(zig(3,10),2)>=ref(zig(3,10),3);
pl20:=zig(3,26);
en3:=zig(3,20)>ref(zig(3,20),1) and ref(zig(3,20),1)<=ref(zig(3,20),2) and ref(zig(3,20),2)<=ref(zig(3,20),3);
ex3:=zig(3,20)<ref(zig(3,20),1) and ref(zig(3,20),1)>=ref(zig(3,20),2) and ref(zig(3,20),2)>=ref(zig(3,20),3);
pl40:=zig(3,55);
走强一:=BARSLAST(pl5<ref(pl5,1));
走弱一:=BARSLAST(pl5>ref(pl5,1));
走强二:=BARSLAST(pl10<ref(pl10,1));
走弱二:=BARSLAST(pl10>ref(pl10,1));
走强三:=BARSLAST(pl20<ref(pl20,1));
走弱三:=BARSLAST(pl20>ref(pl20,1));
```

```
ztjz5:=if(pl10>ref(pl10,1),COUNT(en1, 走强二 ),0);
ztjd5:=if(pl10>ref(pl10,1),COUNT(ex1, 走强二 ),0);
dtjz5:=if(pl10<ref(pl10,1),COUNT(en1, 走弱二 ),0);
dtjd5:=if(pl10<ref(pl10,1),COUNT(ex1, 走弱二 ),0);
ztjz10:=if(pl20>ref(pl20,1),COUNT(en2, 走强三 ),0);
ztjd10:=if(pl20>ref(pl20,1),COUNT(ex2, 走强三 ),0);
dtjz10:=if(pl20<ref(pl20,1),COUNT(en2, 走弱三 ),0);
dtjd10:=if(pl20<ref(pl20,1),COUNT(ex2, 走弱三 ),0);
DRAWTEXT(en1 and dtjz5=1,LOW*0.98,'（Ⅰ）'),colorffff00;
DRAWTEXT(ex1 and dtjd5=2,HIGH*1.02,'（Ⅱ）'),colorffff00;
DRAWTEXT(en2 and ztjz5=1,LOW*0.98,'（Ⅲ）'),colorffff00;
DRAWTEXT(ex1 and pl10>ref(pl10,1) and ztjd5=1,HIGH*1.02,'(1)'),color0000ff;
DRAWTEXT(en1 and pl10>ref(pl10,1) and ztjz5=2,LOW*0.98,'(2)'),color0000ff;
DRAWTEXT(ex1 and pl10>ref(pl10,1) and ztjz5=2,HIGH*1.02,'(3)'),color0000ff;
DRAWTEXT(en1 and pl10>ref(pl10,1) and ztjz5=3,LOW*0.98,'(4)'),color0000ff;
DRAWTEXT(ex2 and pl20>ref(pl20,1) and ztjd10=1,HIGH*1.02,'(5)'),color0000
ff;
DRAWTEXT(en2 and dtjz10=1,LOW*0.94,'【A】'),color00ff00;
DRAWTEXT(ex2 and dtjd10=2,HIGH*1.03,'【B】'),color00ff00;
DRAWTEXT(en3 and ztjz10=1,LOW*0.94,'【C】'),color00ff00;
DRAWTEXT(ex2 and pl20>ref(pl20,1) and ztjd10=1,HIGH*1.04,'①'),Linethick3,
color00ffff;
DRAWTEXT(en2 and pl20>ref(pl20,1) and ztjz10=2,LOW*0.94,'②'),Linethick3,
color00ffff;
DRAWTEXT(ex2 and pl20>ref(pl20,1) and ztjd10=2 or (ztjd10=0 or ztjd10=2) and ex
2,HIGH*1.04,'③'),Linethick3,color00ffff;
DRAWTEXT(en2 and pl20>ref(pl20,1) and ztjz10=3,LOW*0.94,'④'),Linethick3,
```

```
color00ffff;
    DMLJ:=HHV(HIGH,120);
    TY:=CLOSE;
    HD:=FILTER(BACKSET(FILTER(ref(TY,10)=HHV(TY,2*10+1),10),10+1),10);
    LD:=FILTER(BACKSET(FILTER(ref(TY,10)=LLV(TY,2*10+1),10),10+1),10);
    A:=ref(CLOSE,BARSLAST(HD));
    B:=ref(CLOSE,BARSLAST(LD));
    T1:=BARSLAST(HD)<BARSLAST(LD) AND NOT(HD) ;
    T2:=BARSLAST(HD)>BARSLAST(LD) AND NOT(LD);
    波浪顶 :if(T1,A,A),COLORFF00FF,POINTDOT,LINETHICK2;
    STICKLINE(T1,A,A,9,0),COLORFF00FF;
    波浪底 :if(T2,B,B),COLOR80FF00,POINTDOT,LINETHICK2;
    VAR3:=LLV(HIGH,240);
    VAR4:=100*(CLOSE-VAR3)/VAR3;
    VAR5:=(CLOSE-LLV(LOW,528))/(HHV(HIGH,528)-LLV(LOW,528))*100;
    VAR6:=(CLOSE-LLV(CLOSE,530))/(HHV(CLOSE,530)-LLV(CLOSE,530))*100;
    VAR7:=0;
    VAR8:=MA(HHV(CLOSE-ref(CLOSE,1),0),34)/MA(ABS(CLOSE-
ref(CLOSE,1)),7)*100;
    VAR9:=MA(HHV(CLOSE-ref(CLOSE,1),0),13)/MA(ABS(CLOSE-
ref(CLOSE,1)),13)*100;
    VARA:=BARSCOUNT(CLOSE);
    VARB:=VAR8<20 AND VAR9<23 AND VARA>35;
    VARC:=VARB AND COUNT(VARB,1)=1;
    VARD:=EMA(CLOSE,21)-EMA(CLOSE,8);
    VARE:=EMA(VARD,5);
    VARF:=TROUGH(3,6,1)<4 AND CROSS(VARD,VARE);
    VAR10:=if(TROUGH(3,16,1)=0 AND HIGH>LOW+0.04,4,0);
```

```
VAR11:=zig(3,6)>ref(zig(3,6),1) AND ref(zig(3,6),1)<=ref(zig(3,6),2) AND ref(zig(3,6),2)<=ref(zig(3,6),3);
VAR12:=zig(3,6)<ref(zig(3,6),1) AND ref(zig(3,6),1)>=ref(zig(3,6),2) AND ref(zig(3,6),2)>=ref(zig(3,6),3);
VAR13:=zig(3,22)>ref(zig(3,22),1) AND ref(zig(3,22),1)<=ref(zig(3,22),2) AND ref(zig(3,22),2)<=ref(zig(3,22),3);
VAR14:=zig(3,22)<ref(zig(3,22),1) AND ref(zig(3,22),1)>=ref(zig(3,22),2) AND ref(zig(3,22),2)>=ref(zig(3,22),3);
VAR15:=zig(3,51)>ref(zig(3,51),1) AND ref(zig(3,51),1)<=ref(zig(3,51),2) AND ref(zig(3,51),2)<=ref(zig(3,51),3);
VAR16:=zig(3,51)<ref(zig(3,51),1) AND ref(zig(3,51),1)>=ref(zig(3,51),2) AND ref(zig(3,51),2)>=ref(zig(3,51),3);
VAR17:=zig(3,72)>ref(zig(3,72),1) AND ref(zig(3,72),1)<=ref(zig(3,72),2) AND ref(zig(3,72),2)<=ref(zig(3,72),3);
VAR18:=zig(3,72)<ref(zig(3,72),1) AND ref(zig(3,72),1)>=ref(zig(3,72),2) AND ref(zig(3,72),2)>=ref(zig(3,72),3);
VAR19:=EMA(CLOSE,2)-EMA(CLOSE,150);
VAR1A:=EMA(VAR19,100);
VAR1B:=2*(VAR19-VAR1A);
VAR1C:=POW(VAR1B,3)*0.1+POW(VAR1B,1);
VAR1D:=SQRT(SQRT(LOW*HIGH*OPEN*CLOSE));
VAR1E:=EMA(VAR1D*0.97,3);
VAR1F:=(HIGH+LOW+CLOSE)/3;
VAR20:=(VAR1F-MA(VAR1F,14))/(0.015*AVEDEV(VAR1F,14));
VAR21:=CROSS(VAR1E,LOW);
买点一 :=VAR10;
买点二 :=(VAR11+VAR13+VAR15+VAR17);
卖点一 :=(VAR12+VAR14+VAR16+VAR18);
```

```
VAR22:= 买 点 一 AND VARF AND VARC AND VAR21 AND VAR4<0 AND VAR5=0 AND VAR6=0 AND VAR20<(-110);
VAR1:=MA(CLOSE,6);
VAR2:=MA(CLOSE,18);
VAR31:=MA(CLOSE,30);
VARB1:=SUM(CLOSE*vol*100,28)/SUM(vol*100,28);
VARC1:=INTPART(VARB1*100)/100;
VARD1:=EMA(CLOSE,5)-EMA(CLOSE,10);
VARE1:=EMA(VARD1,9);
VAR131:=ref(VARE1,1);
VAR141:=VARE1;
VAR151:=VAR141-VAR131;
VAR161:=ref(VARD1,1);
VAR171:=VARD1;
VAR181:=VAR171-VAR161;
VAR191:=OPEN;
VAR1A1:=CLOSE;
DRAWTEXT(买点一>0,LOW-0.01,'▲买!'),COLORRED;
var31:=HHVBARS(zig(3, 19)>ref(zig(3,19),1)
and ref(zig(3,19), 1)<ref(zig(3,19), 2),0);
GET:ZIG(3,5),COLORWHITE,LINETHICK2;
```

附录 8　分形几何经典图形算法程序

（可在中国宇航出版社官网下载，网址 http://down.caphbook.com）

（1）Koch 曲线程序 koch.m

```
function koch(a1,b1,a2,b2,n)
%koch(0,0,9,0,3)
%a1,b1,a2,b2 为初始线段两端点坐标 ,n 为 Koch 曲线迭代次数
a1=0;b1=0;a2=9;b2=0;n=3;
% 第 i-1 次迭代时由各条线段产生的新四条线段的五点横、纵坐标存储在数组 A,B 中
[A,B]=sub_koch1(a1,b1,a2,b2);
for i=1:n
  for j=1:length(A)/5;
    w=sub_koch2(A(1+5*(j-1):5*j),B(1+5*(j-1):5*j));
    for k=1:4
[AA(5*4*(j-1)+5*(k-1)+1:5*4*(j-1)+5*(k-1)+5),BB(5*4*(j-1)+5*(k-1)+1:5*4*(j-1)+5*(k-1)+5)]=sub_koch1(w(k,1),w(k,2),w(k,3),w(k,4));
    end
  end
  A=AA;
  B=BB;
end
plot(A,B)
hold on
```

```
axis equal
% 由以 (ax,ay),(bx,by) 为端点的线段生成新的中间三点坐标并把这五点横、纵坐标依次分别
% 存储在数组 A,B 中
function [A,B]=sub_koch1(ax,ay,bx,by)
cx=ax+(bx-ax)/3;
cy=ay+(by-ay)/3;
ex=bx-(bx-ax)/3;
ey=by-(by-ay)/3;
L=sqrt((ex-cx).^2+(ey-cy).^2);
alpha=atan((ey-cy)./(ex-cx));
if (ex-cx)<0
   alpha=alpha+pi;
end
dx=cx+cos(alpha+pi/3)*L;
dy=cy+sin(alpha+pi/3)*L;
A=[ax,cx,dx,ex,bx];
B=[ay,cy,dy,ey,by];

% 把由函数 sub_koch1 生成的五点横、纵坐标 A,B 顺次划分为四组，分别对应四条折线段中
% 每条线段两端点的坐标，并依次分别存储在 4×4 阶矩阵 k 中，k 中第 i(i=1,2,3,4) 行数字代表
% 第 i 条线段两端点的坐标
function w=sub_koch2(A,B)
a11=A(1);b11=B(1);
a12=A(2);b12=B(2);
```

```
a21=A(2);b21=B(2);
a22=A(3);b22=B(3);
a31=A(3);b31=B(3);
a32=A(4);b32=B(4);
a41=A(4);b41=B(4);
a42=A(5);b42=B(5);
w=[a11,b11,a12,b12;a21,b21,a22,b22;a31,b31,a32,b32;a41,b41,a42,b42];
```

该程序运行后的实际效果如图 1 所示。

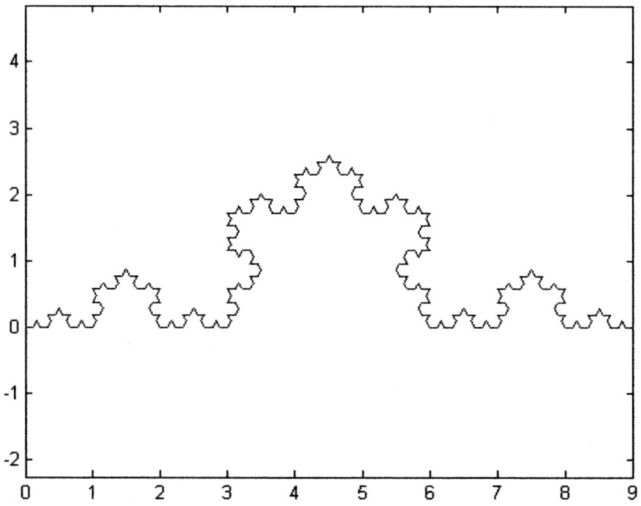

图 1　Von Koch 曲线

（2）Levy 曲线程序 levy.m

```
function levy(n)
% levy(16)
%x1,y1,x2,y2 为初始线段两端点坐标 ,n 为 Levy 曲线迭代次数
n=16;
```

```
x1=0;y1=0;
x2=1;y2=0;
% 第 i-1 次迭代时由各条线段产生的新两条线段的三端点横、纵坐标存储在
数组 X、Y 中
[X,Y]=levy1(x1,y1,x2,y2);
for i=1:n
   for j=1:length(X)/3
      w=levy2(X(1+3*(j-1):3*j),Y(1+3*(j-1):3*j));
        [XX(3*2*(j-1)+1:3*2*(j-1)+3),YY(3*2*(j-1)+1:3*2*(j-1)+3)]=levy1(w(1,1),w
(1,2),w(1,3),w(1,4));        [XX(3*2*(j-1)+3+1:3*2*(j-1)+3+3),YY(3*2*(j-1)+3+1:3*2*(j-
1)+3+3)]=levy1(w(2,1),w(2,2),w(2,3),w(2,4));
   end
   X=XX;
   Y=YY;
end
plot(X,Y)
hold on
axis equal

% 由以 (x1,y1),(x2,y2) 为端点的线段生成新的中间点坐标并把 (x1,y1),(x2,y2) 连
同新点横、纵
% 坐标依次分别存储在数组 X,Y 中
function [X,Y]=levy1(x1,y1,x2,y2)
x3=1/2*(x1+x2+y1-y2);
y3=1/2*(-x1+x2+y1+y2);
X=[x1,x3,x2];
Y=[y1,y3,y2];
```

% 把由函数 levy1 生成的三点横、纵坐标 X,Y 顺次划分为两组，分别对应两条折线段中每条

% 线段两端点的坐标，并依次分别存储在 2*4 阶矩阵 w 中，w 中第 i(i=1,2) 行数字代表第 i 条

% 线段两端点的坐标

```
function w=levy2(X,Y)
a11=X(1);b11=Y(1);
a12=X(2);b12=Y(2);
a21=X(2);b21=Y(2);
a22=X(3);b22=Y(3);
w=[a11,b11,a12,b12;a21,b21,a22,b22];
```

该程序运行后的实际效果如图 2 所示。

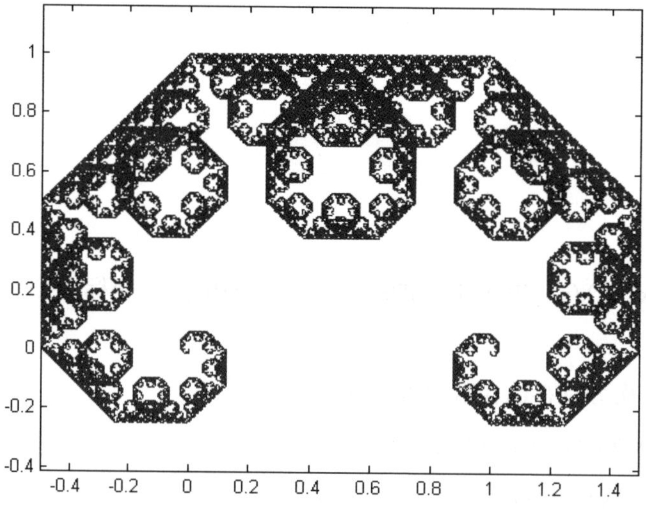

图 2　Levy 曲线

（3）分形树程序 tree.m

```
function tree(n,a,b)
```

```
% tree(8,pi/8,pi/8)
%a,b 为分枝与竖直方向夹角
%x1,y1,x2,y2 为初始线段两端点坐标 ,n 为分形树迭代次数
n=8;a=pi/8;b=pi/8;
x1=0;y1=0;
x2=0;y2=1;
plot([x1,x2],[y1,y2])
hold on
[X,Y]=tree1(x1,y1,x2,y2,a,b);
hold on
W=tree2(X,Y);
w1=W(:,1:4);
w2=W(:,5:8);
% w 为 2^k*4 维矩阵 , 存储第 k 次迭代产生的分枝两端点的坐标
% w 的第 i(i=1,2,…,2^k) 行数字对应第 i 个分枝两端点的坐标
w=[w1;w2];
for k=1:n
      for i=1:2^k
      [X,Y]=tree1(w(i,1),w(i,2),w(i,3),w(i,4),a,b);
      W(i,:)=tree2(X,Y);
      end
  w1=W(:,1:4);
  w2=W(:,5:8);
  w=[w1;w2];
 end
```

% 由每个分枝两端点坐标 (x1,y1),(x2,y2) 产生两新点的坐标 (x3,y3),(x4,y4), 画两分枝图形 ,

```
% 并把 (x2,y2) 连同新点横、纵坐标分别存储在数组 X,Y 中
function [X,Y]=tree1(x1,y1,x2,y2,a,b)
L=sqrt((x2-x1)^2+(y2-y1)^2);
if (x2-x1)==0
    a=pi/2;
  else if (x2-x1)<0
  a=pi+atan((y2-y1)/(x2-x1));
  else
  a=atan((y2-y1)/(x2-x1));
 end
end
x3=x2+L*2/3*cos(a+b);
y3=y2+L*2/3*sin(a+b);
x4=x2+L*2/3*cos(a-b);
y4=y2+L*2/3*sin(a-b);
a=[x3,x2,x4];
b=[y3,y2,y4];
plot(a,b)
axis equal
hold on
X=[x2,x3,x4];
Y=[y2,y3,y4];
```

```
% 把由函数 tree1 生成的 X,Y 顺次划分为两组，分别对应两分枝两个端点的坐标，并存储在
% 一维数组 w 中
function w=tree2(X,Y)
a1=X(1);b1=Y(1);
```

```
a2=X(2);b2=Y(2);
a3=X(1);b3=Y(1);
a4=X(3);b4=Y(3);
w=[a1,b1,a2,b2,a3,b3,a4,b4];
```

该程序运行后的实际效果如图 3 所示。

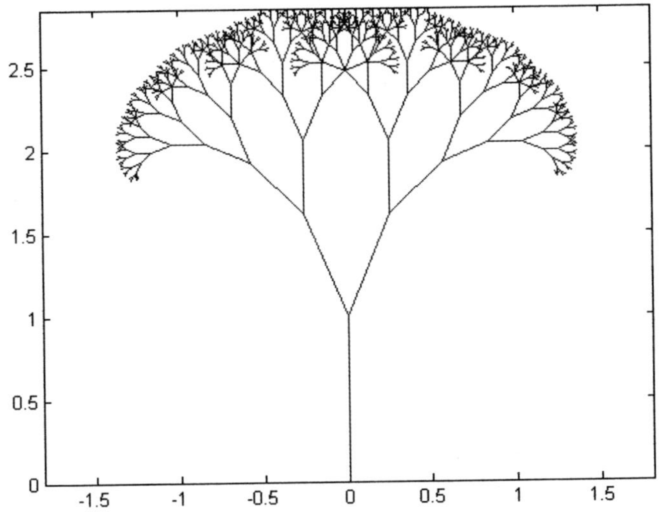

图 3　分形树

（4）IFS 算法画 Sierpinski 三角形程序 sierpinski_ifs.m

```
function sierpinski_ifs(n,w1,w2,w3)
%sierpinski_ifs(10000,1/3,1/3,1/3)
%w1,w2,w3 出现频率
n=10000;
w1=1/3;
w2=1/3;
w3=1/3;
M1=[0.5 0 0 0 0.5 0];
```

```
M2=[0.5 0 0.5 0 0.5 0];
M3=[0.5 0 0.25 0 0.5 0.5];
x=0;y=0;
% r 为 [0,1] 区间内产生的 n 维随机数组
r=rand(1,n);
B=zeros(2,n);
k=1;
% 当 0<r(i)<1/3 时，进行 M1 对应的压缩映射；
% 当 1/3=<r(i)<2/3 时，进行 M2 对应的压缩映射；
% 当 2/3=<r(i)<1 时，进行 M3 对应的压缩映射；
for i=1:n
   if r(i)<w1
      a=M1(1);b=M1(2);e=M1(3);c=M1(4);d=M1(5);f=M1(6);
   else if r(i)<w1+w2
      a=M2(1);b=M2(2);e=M2(3);c=M2(4);d=M2(5);f=M2(6);
      else if r(i)<w1+w2+w3
      a=M3(1);b=M3(2);e=M3(3);c=M3(4);d=M3(5);f=M3(6);
         end
      end
   end
x=a*x+b*y+e;
y=c*x+d*y+f;
B(1,k)=x;
B(2,k)=y;
k=k+1;
end
plot(B(1,:),B(2,:),'.','markersize',0.1)
```

该程序运行后的实际效果如图 4 所示。

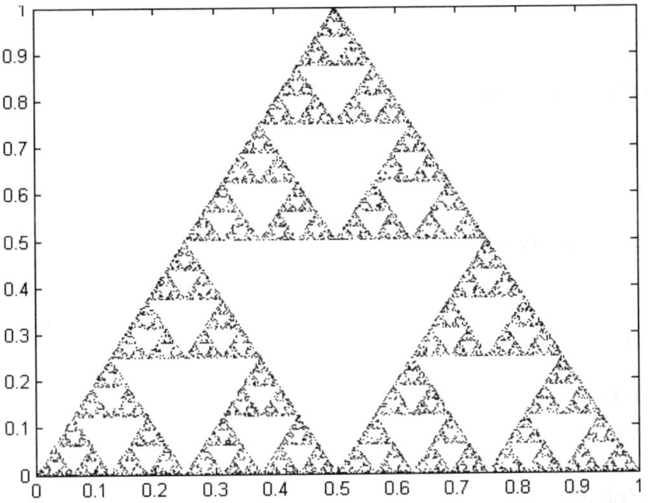

图 4 Sierpinski 三角形

（5）IFS 算法画 Julia 集程序 julia_ifs.m

```
function julia_ifs(n,cx,cy)
% julia_ifs(100000,-0.77,0.08)
% f(z)=z^2+c,cx=real(c);cy=image(c);
n=10000;
cx=-0.77;
cy=0.08;
% z^2+c=z0,x=real(z0);y=image(z0);
x=1;y=1;
B=zeros(2,n);
k=1;
% A 为产生的服从标准正态分布的 n 维随机数组
A=randn(1,n);
for i=1:n
```

```
    wx=x-cx;
    wy=y-cy;
    if wx>0
       alpha=atan(wy/wx);
    end
    if wx<0
       alpha=pi+atan(wy/wx);
    end
    if wx==0
       alpha=pi/2;
    end
    alpha=alpha/2;
    r=sqrt(wx^2+wy^2);
     if A(i)<0
       r=-sqrt(r);
     else
       r=sqrt(r);
     end
    x=r*cos(alpha);
    y=r*sin(alpha);
    B(1,k)=x;
    B(2,k)=y;
    k=k+1;
end
plot(B(1,:),B(2,:),'.','markersize',0.1)
```

该程序运行后的实际效果如图 5 所示。

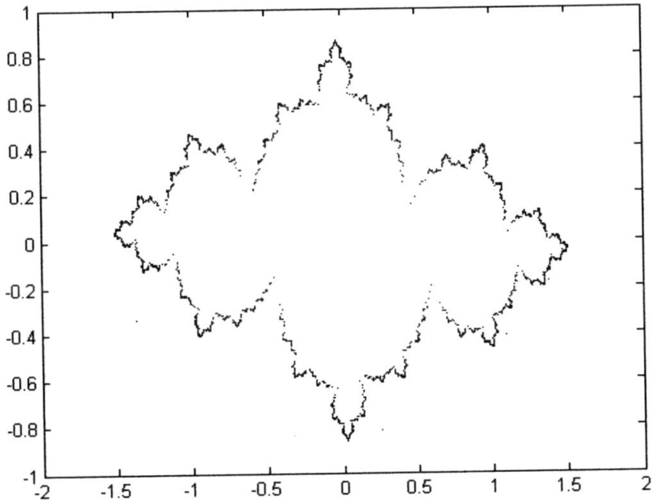

图 5 Julia 集

（6）逃逸时间算法画 Sierpinski 垫片程序 sierpinski.m

```
function sierpinski(a,b,c,d,n,m,r)
%sierpinski(0,0,1,1,12,200,200)
%(a,b),(c,d) 收敛区域左上角和右下角坐标 ,m 为分辨率
% n 为逃逸时间 , 需要反复试探 ,r 逃逸半径
a=0;b=0;c=1;d=1;n=12;m=200;r=200;
B=zeros(2,m*m);
w=1;
for i=1:m
   x0=a+(c-a)*(i-1)/m;
   for j=1:m
      y0=b+(d-b)*(j-1)/m;
      x=x0;
      y=y0;
     for k=1:n
```

```
            if y>0.5
                x=2*x;
                y=2*y-1;
            else if x>=0.5
                x=2*x-1;
                y=2*y;
            else
                x=2*x;
                y=2*y;
            end
                if x^2+y^2>r
                 break;
                end
        end
        if k==n
            B(1,w)=i;
            B(2,w)=j;
            w=w+1;
        end
    end
end
plot(B(1,:),B(2,:),'.','markersize',0.1)
```

该程序运行后的实际效果如图 6 所示。

（7）元胞自动机算法画 Sierpinski 三角形程序

一维元胞自动机 sierpinski_ca1.m

```
function sierpinski_ca1(m,n)
```

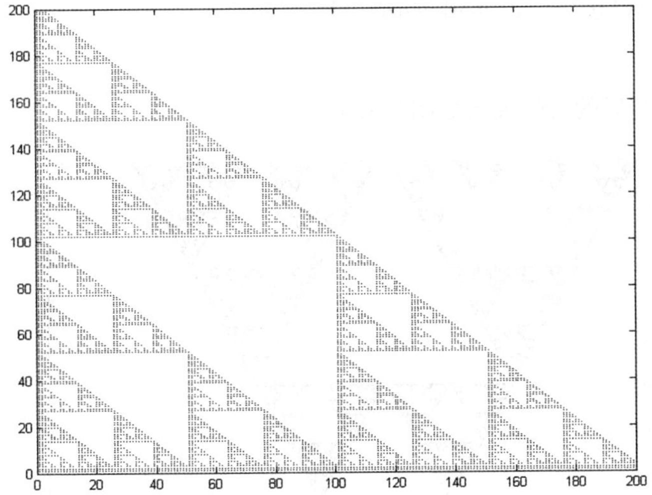

图 6　Sierpinski 三角形垫片

```
%sierpinski_ca1(1000,3000)
m=1000;n=3000;
x=1;y=1;
t=1;w=zeros(2,m*n);
s=zeros(m,n);
s(1,fix(n/3))=1;
for i=1:m-1
   for j=2:n-1
      if (s(i,j-1)==1&s(i,j)==0&s(i,j+1)==0)|(s(i,j-1)==0&s(i,j)==0&s(i,j+1)==1)
        s(i+1,j)=1;
        w(1,t)=x+3+3*j;
        w(2,t)=y+5*i;
        t=t+1;
      end
   end
end
```

```
plot(w(1,:),w(2,:),'.','markersize',1)
```

该程序运行后的实际效果如图 7 所示。

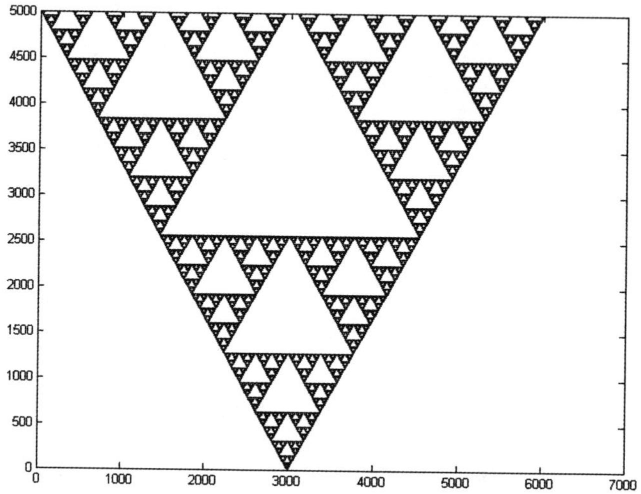

图 7　一维元胞自动机画 Sierpinski 三角形

◇ 二维元胞自动机 sierpinski_ca2.m

```
function sierpinski_ca2(m,n)
%sierpinski_ca2(400,400)
m=400;n=400;
t=1;w=zeros(2,m*n);
s=zeros(m,n);
s(m/2,n/2)=1;
for i=[m/2:-1:2,m/2:m-1]
    for j=[n/2:-1:2,n/2:n-1]
        if mod(s(i-1,j-1)+s(i,j-1)+s(i+1,j-1)+s(i-1,j)+s(i+1,j)+s(i-1,j+1)+s(i,j+1)+s(i+1
,j+1),2)==1
            s(i,j)=1;
            w(1,t)=i;
```

```
        w(2,t)=j;
       t=t+1;
    end
  end
end
plot(w(1,:),w(2,:),'.','markersize',0.1)
```

该程序运行后的实际效果如图 8 所示。

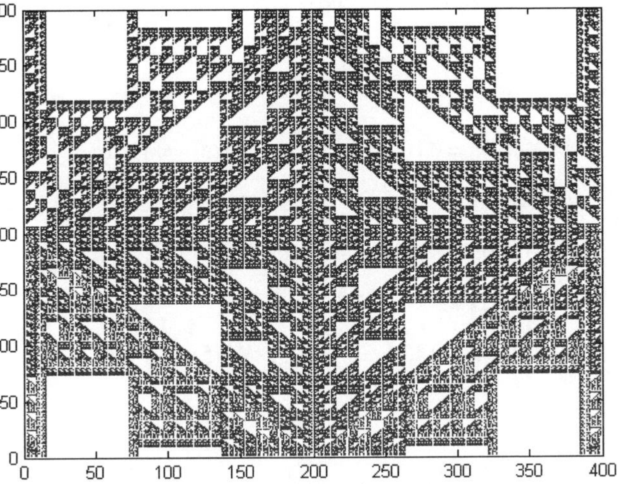

图 8　二维元胞自动机画 Sierpinski 三角形

（8）IFS 算法画 Helix 曲线程序 helix_ifs.m

```
function helix_ifs(n,w1,w2,w3)
%helix_ifs(20000,0.9,0.05,0.05)
%w1,w2,w3 为出现频率
n=20000;w1=0.9;w2=0.05;w3=0.05;
M1=[0.787879 -0.424242 1.758647 0.242424 0.859848 1.408065];
M2=[-0.121212 0.257576 -6.721654 0.05303 0.05303 1.377236];
```

```
M3=[0.181818 –0.136364 6.086107 0.090909 0.181818 1.568035];
x=0;y=0;
% r 为 [0,1] 区间内产生的 n 维随机数组
r=rand(1,n);
B=zeros(2,n);
k=1;
% 当 0<r(i)<1/3 时，进行 M1 对应的压缩映射；
% 当 1/3=<r(i)<2/3 时，进行 M2 对应的压缩映射；
% 当 2/3=<r(i)<1 时，进行 M3 对应的压缩映射；
for i=1:n
   if r(i)<w1
      a=M1(1);b=M1(2);e=M1(3);c=M1(4);d=M1(5);f=M1(6);
   else if r(i)<w1+w2
      a=M2(1);b=M2(2);e=M2(3);c=M2(4);d=M2(5);f=M2(6);
      else if r(i)<w1+w2+w3
      a=M3(1);b=M3(2);e=M3(3);c=M3(4);d=M3(5);f=M3(6);
      end
   end
   end
x=a*x+b*y+e;
y=c*x+d*y+f;
B(1,k)=x;
 B(2,k)=y;
 k=k+1;
end
plot(B(1,:),B(2,:),’.’,’markersize’,0.1)
```

该程序运行后的实际效果如图 9 所示。

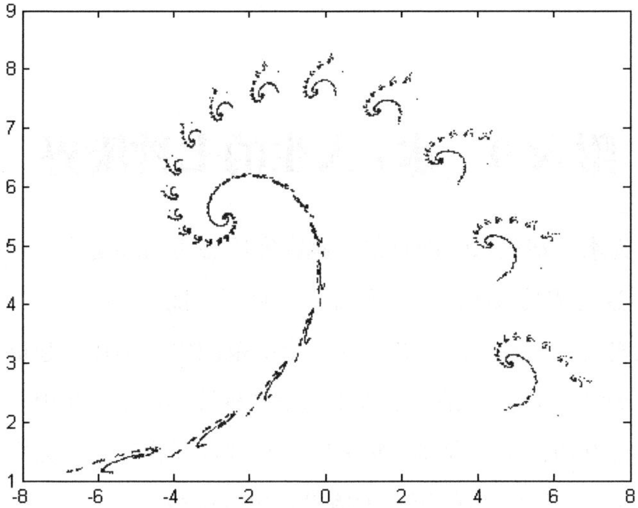

图 9 Helix 曲线

附录 9　水 / 人生的七种境界

（1）冰虽为水，却比水强硬百倍。越在寒冷恶劣的环境下，它越能体现出坚如钢铁的特性。这是成功人生的第一种境界：百折不挠。

（2）水化成气，气看无形。若气在一定的范围内聚集在一起形成聚力，便会变得力大无穷，动力无比。这是成功人生的第二种境界：聚气生财。

（3）水净化万物，无论世间万物多脏，它都敞开胸怀无怨无悔地接纳，然后慢慢净化自己。这是成功人生的第三种境界：包容接纳。

（4）水看似无力，自高处往下流淌，遇阻挡之物，耐心无限，若遇棱角磐石，即可把棱角磨圆，亦可水滴石穿。这是成功人生的第四种境界：以柔克刚。

（5）水能上能下，上化为云雾，下化作雨露，汇涓涓细流聚多成河，从高处往低处流，高至云端，低入大海。这是成功人生的第五种境界：能屈能伸。

（6）水虽为寒物，却有着一颗善良的心。它从不参与争斗，哺育了世间万物，却不向万物索取。这是成功人生的第六种境界：周济天下。

（7）雾似飘渺，却有着最为自由的本身。聚可云结雨，化为有形之水，散可无影无踪，飘忽于天地之内。这是成功人生的第七种境界：功成身退。

后　记

春夏秋冬，阴晴圆缺，云聚云散，花开花落，世间万物都在轮回。一生一世，生老病死，悲欢离合，缘起缘灭，多少人能够真正参悟这佛语？轮回是自然界的大智慧，是生命永恒的定律。从起点到终点，谁也无法丈量其间的距离，最终都要回到原始状态。生命轮回永无止境，希望也就在于此。

股市中的轮回，疯狂的上涨和下跌，似曾相识。那些仿佛经历过的事情，在不停地重复。轮回是事物发展规律向更高一级的循环、蜕变和进步。

市场的简单和疯狂，表现为许多假象，形成了种种圈套。投机性越浓，欺骗性越高。来到这个市场，大多数投资者都认为自己是聪明的，要从其他人口袋中赚取利润。身边不断涌现出的暴富神话，一次次刺激和麻醉投资者的神经。

市场如此简单，怎么可能亏损呢？把许多无知的人诱骗进来，然后一步步蚕食掉。然而在这个疯狂的漩涡中，很多人越陷越深，在虚幻的表象中兴奋、痛苦，不断上瘾，沉迷其中。在贪婪和恐惧中渐渐迷失自我，之后往往给予毁灭性的打击，最终被无情地吞噬。投资者从此一蹶不振，长期无法从失败的阴影中走出来。

简单的道理，很多人熟视无睹。谎言重复千遍，一些人趋之若鹜。面对眼前暴利，内心澎湃起无限的贪欲，这一切蒙蔽了人的慧眼，让人变得无比贪婪。心为物蔽，心为物役，对投资内在价值的体会、追索反而成为不可能。周围充满了太多的贪念、欲望和诱惑。急功近利只会使我们远离投资的本义，这其实是一种自负和无知。

事实表明，没有任何单一指标或技术是万能的，投资者自身认识水平和实战经验不同，切不可过于迷信和依赖。与其花精力预测股价，不如多花点功夫去研究市场和投资者自身。

交易仅仅依靠判断正确的方向远远不够，还需要有良好的心态和完善的风险控制能力。如果能够做好风险控制，剩下的就是利润多少的问题了。股市里不缺明星，缺少的是寿星，昙花一现往往不及长期稳定盈利。巴菲特能够实现每年 20% 多的盈利，成为一代股神，秘诀就在于此。交易的功夫在盘面之外，而不在盘面之内。针对风险控制的内容，在随后的系列书籍中会专门讲解。

股市每逢大涨大跌之时，总有无数段子产生，让人捧腹大笑之余，每每感到一丝的悲凉。谚语说得好，老股民死在抄底上，新股民死在追高上。还在迷茫的投资者，建议再把《股价结构：压力与支撑》这本书中关于股市本质的章节读上 10 遍。股市投资如同打仗，必须战胜自己的弱点，依靠严明的纪律来取得最后的胜利。大道至简，切不可舍本逐末。唯有生存下去，才能使你转亏为盈。

股市不相信眼泪，不会给你多次犯错的机会，只会奖赏那些坚韧不拔的人。股市的经历让我们不断学习和成长，不断审视自己。有句话说得好，茶叶蛋破裂最多的地方，才是最入味的。同样，人生经历越丰富，挫折越多，才越有味道。鸡蛋，从外打破是食物，从内打破是生命。人生亦是，从外打破是压力，从内打破是成长。

家里藏书颇多，每每阅读之余，常叹世事无常，命运交错。人生充满了太多无奈，韶华易逝，红颜易老。美好时光总是那么匆匆，再美的容颜也会衰老。只有经历过尘世的浮躁、繁华与喧嚣，繁华落尽，才会发现追逐欲望原来只不过是梦一场，而真正需要的，是平淡与从容。生命注定要面对现实，面对风雨。读万卷书，行万里路。

在股市中，普通的散户投资者大部分都是身份卑微，期望能在投机中实现自己的人生价值，却往往沉溺其中无法自拔，在现实交易中碰得头破血流。投资者的付出和回报不成比例，往往希望越大最后的失望也越大。大部分投资者看着账户不断缩水，内心的痛苦程度难以言表。

混沌，开七窍而死，一旦有了意识，痛苦就相伴而生。佛的内心应该有大爱，因为它看透了人间百态：生死离合，功名利禄，是非得失，恩恩怨怨，冷暖坎坷，世态炎凉。芸芸众生沉溺其中，心结纠缠不能自拔。所以，只有佛，才拥有悲天悯悯的胸怀，俯瞰世上万物，笑对世人。

我们总是把人生的种种得失融入我们的感情之中，得之则喜，失之则悲。生活就是这样，日复一日，忙忙碌碌，平平淡淡；人生就是这样，匆匆几十年，坎坎坷坷，起起伏伏。有痛苦就会有苦恼，但是悟道的人会摆脱种种苦恼，不断磨砺成长。要达到一种自己追求的人生境界，一种超越痛苦的顽强意志、心地坦然、达观平和的境界。真正的智慧是不会痛苦的，因为一个智慧的人不会让自己痛苦，这不是一种自欺欺人。智慧使人开朗、欢愉、舒心，因为智慧总有一种超脱豁达，洞察后的爽心悦目。智慧不仅是一种知识，更是人生的一种态度，所谓看穿了也就逍遥自在了。净心守志，可谓至道；断欲无求，当得宿命。恬淡平静，生机盎然。

以平常心来超越智慧的痛苦，既悲天悯人，怀抱终极关怀，又能够自然而然，潇洒一生，从痛苦中体会到人生的欢乐，就是一种超越。超越自我，超越人性的局限。拨云见日，明心见性。人的一生，有快乐与痛苦，有愉悦与辛劳，更多是平淡的生活万象，它像水在静静地流淌，像荷花淡泊地生长；它不显山露水，却实在悠远。经历过的，毕竟会沉淀于内心，厚重而坚韧。

有人看到一只蝴蝶挣扎着，想从蛹里脱离出来，出于好心帮蝴蝶剪开了蛹。没想到蝴蝶出来以后，翅膀却张不开，最后死了。挣扎的过程正是蝴蝶需要的成长过程。你让它当时舒服了，可是未来它却没有力量去面对生命中更多的挑战。如果你希望化身成蝶，那你就得忍受在蛹里挣扎的痛苦过程，这样才能展翅高飞。

人生之苦，在得失间。心胸宽广之人，拿得起，放得下，无意于得失，自然静如止水。没有什么不能放弃，没有什么不能割舍。背得越多，走得越累。护得越紧，伤得越深。生活总有一些时候，一些地方，不需要我们执著，不需要我们坚持。花谢芳不败，心静人自在。心静了，才有闲心品味已有的幸福。生命的意义在于从容，从容眺望未来，从容之中成就人生。

很多投资者朋友说喜欢读我书中的前言和后记，大概从中能体会到一种沧桑感，能够发现自己的影子吧。学会感悟，学会取舍，学会包容，懂得放下。生命中的无奈已经太多，但愿不再留下太多遗憾。耗时两年多，此书终于面世，股市也经历了一波轮回。期间有段时间身体状况不好，处于治疗过程，对自己的改变很大，对人生也有了新的看法。一直在不断舍离，舍弃一些生命中不必要的负担。谢谢读者朋友们的支持和鼓励，谢谢家人们的安慰和帮助。

世界那么大，除了股市之外，还有更多美好的事物值得我们去享受，朴素又平常的生活之路一直在延伸。有舍才有得，要学会放弃。股市不是一切，生活才是根本，平平淡淡才是真。人生，空手而来，必然空手而归。属于自己的风景，从来不曾错过。不是每一道亮丽的风景都能拥有，不是自己的风景，永远只是路过。宇宙浩渺，天地太大，人太渺小，小若蝼蚁，微若尘埃。

想成为大树，就不要和草去比，更不要去做那些韭菜。短期来看，韭菜的生长速度和树相比，肯定是韭菜的长势明显。但是几年过后，韭菜换了几茬，而树依旧是树，所以这个世界上只有古树和参天大树。做人，做事，重要的不是一时的快慢，而是持久的发展力。

目光穿透浮世繁华百相，一瞬间许多场景映衬脑海。隔天若隔世，失去的机会，可在彼岸耐心等待，静候下一个轮回。经历许多人生起伏与生活跌宕，明白了人生的真谛，懂得真实的生活与内心的需要，不再为虚幻而迷失。

成功的人不是赢在起点，而是赢在转折点，人生需要大格局。恬静生莲花，抛砖引白玉，愿与广大投资者共勉。

华强

2017.11